ニッポンの
菓子文化超入門

和菓子のひみつ

楽しみ方・味わい方がわかる本

「江戸楽」編集部 著

Mates-Publishing

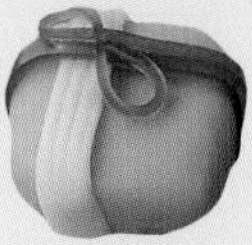

一口いただくと誰もが自然と笑顔になって、
幸福感をもたらしてくれる和菓子。
美味しくて、美しくて、季節感を感じられる、
そんな和菓子の世界を覗いてみましょう。

果物から始まったとされる和菓子の歴史や成り立ちは、
外国から伝わった菓子を柔軟に取り入れて、
日本独自の和菓子へと徐々に変化をとげました。
そして日本全国にあるそれぞれの和菓子店では、
今もなお進化し続けています。

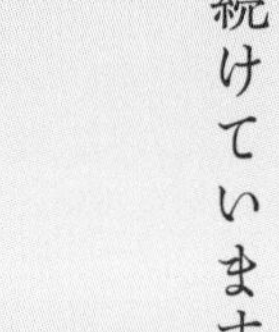
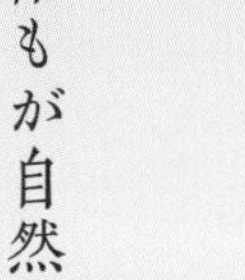

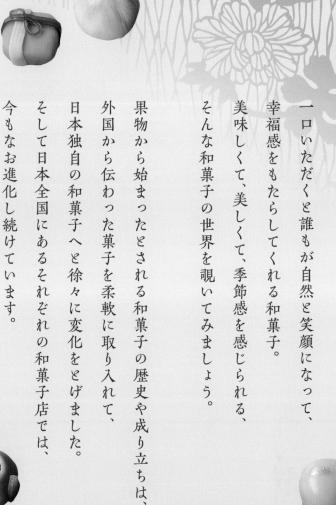

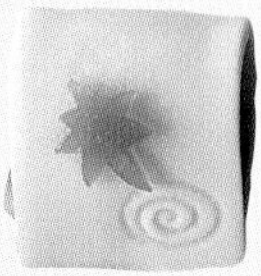

本書では和菓子の基礎知識をはじめ、
一年を通じた暮らしや人の一生に寄り添う和菓子、
神仏との関りの深い和菓子の他、
個々の和菓子の歴史や和菓子店、
全国で受け継がれている郷土菓子などを紹介しています。
和菓子の知識を深め、
より身近に美味しく味わっていただけると幸いです。

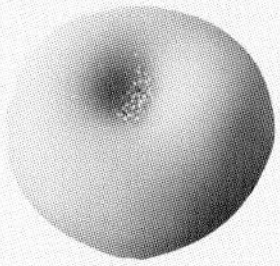

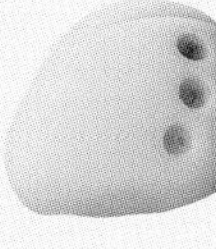

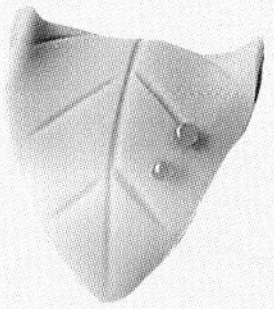

[参考文献]『和菓子――美・職・技』(グラフィック社)、新星出版社編集部『和菓子と日本茶の教科書』(新星出版社)、樋口清之監修『日本の菓子 第一巻 心』(ダイレック)、藪光生『新 和菓子噺』(キクロス出版)、藪光生『和菓子 WAGASHI』(KADOKAWA)、青木直己『和菓子の歴史』(筑摩書房)、青木直己監修『美しい和菓子の図鑑』(二見書房)、高橋マキ『ときめく和菓子図鑑』(山と渓谷社)、君野倫子『わくわくほっこり和菓子図鑑』(二見書房)、『和菓子の基本』(枻出版)、株式会社 三越『日本を楽しむ年中行事』(かんき出版)、『人生に和菓子あり』(東京和菓子協会)、広田千悦子『にほんの行事と四季のしつらい』(世界文化社)、辻川牧子『心が豊かになる 季節のしきたり 和のおしえ』(KK ロングセラーズ)、善養寺ススム文・絵 江戸人文研究会編『絵で見る江戸の町とくらし図鑑』(廣済堂あかつき)、歴史研Q所『コーヒーの歴史』、磯淵猛『紅茶の教科書』(新星出版社)

目次

和菓子ことわざ・慣用句

和菓子を使ったことわざや慣用句は数多くあり、昔から人々に親しまれてきました。長い歴史のある餅が多く使われています。

棚から ぼた餅	苦労せずに思いがけない幸運に巡り合うこと
餅は餅屋	餅のことは餅屋が一番知っている。物事にはそれぞれの専門家がいて、素人ではかなわないということ
花より団子	花を眺めて楽しむよりも団子を食べて食欲を満たす事。風流より実利を選ぶたとえ
雪隠《せっちん》で饅頭	こっそり隠れて利益を独り占めすること
ついた餅 より心持ち	なにかの物を貰うよりも、その心遣いが嬉しいということ
栄耀《えよう》に餅の 皮を剥く	贅沢に慣れ、餅の皮まで剥いて食べること。この上ない贅沢のこと
飴を 舐《なめ》らせる	相手を乗り気にさせてうまいことを言うこと。後々のために勝負事でわざと負けて相手を喜ばせること

第1章

和菓子の基礎知識

和菓子の歴史・種類・材料・道具など、
和菓子の基礎知識を様々な視点から見つめます

和菓子の歴史

木の実・果物が菓子の起原！ 大陸文化や西洋文化を背景に発展・進化して作られた和菓子

縄文・古墳時代

自然の恵みから生まれた菓子文化

菓子は古来、天然の甘味のある木の実や果実を指し、「くだもの」と読まれていました。フルーツを「水菓子」と表すことでも、その名残が感じられます。本格的な農耕が進むにつれ、米や穀物を粉にするなどの加工をして、現在の和菓子の原型になる餅や団子が誕生しました。日本各地から朝廷へ納めた貢納品を記録した『正税帳《しょうぜいちょう》』には、餅が登場しています。

奈良・平安時代

大陸文化がもたらした唐菓子

大陸文化が唐から日本へ流入すると、米粉や小麦粉などを油で揚げたものを含む「唐果物《からくだもの》」が宮中行事などで用いられるようになりました。『源氏物語』や『枕草子』をはじめとした古典文学にも唐果物は登場します。甘《あま》葛煎《ずらせん》（ツタの樹液をこして煮詰めた甘味）で味付けされた唐果物は、当時は大変高価なものとされたようです。

平安時代の『倭名類聚《わみょうるいじゅ》抄《しょう》』には「八種唐菓子」と記され、梅枝《ばいし》（梅子）、桃枝《とうし》（桃子）、餲餬《かっこ》、桂心《けいしん》、黏臍《てんせい》、饆饠《ひちら》、団喜《だんき》、鎚子《ついし》がありました。このほかにも餢飳《ふと》、環餅《まがり》、結果《かいなわ》、捻頭《ねんとう》、索餅《さくべい》、粉熟《ふずく》、餛飩《こんとん》、餅腅《へいだん》、餺飥《はくたく》など名前を区別された唐菓子がありました。京都・八坂神社の門前に本店を構える「亀屋清永」では米粉と小麦粉で作った生地でこしあんを金袋型に包んで胡麻油で揚げた「清浄歓喜団《せいじょうかんきだん》」を製造。唐菓子を今に伝えています。

※唐菓子の読み仮名は諸説あり

千年前と同じ姿で製造される「清浄歓喜団」

桃枝《とうし》

米粉と水を練って、ゆでて梅の枝に模して、油で揚げたもの

索餅《さくべい》

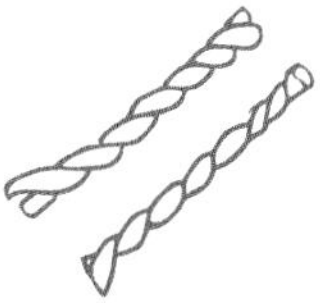

こねた小麦粉や米粉を塩ゆでし、酢や塩などの調味料で味付けしたもの

餲餬《かっこ》

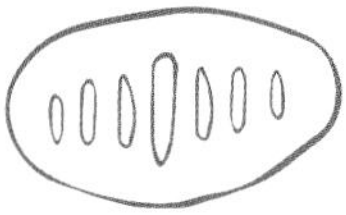

小麦粉をこねて蝎虫《すくもむし》の形にし、焼くか蒸したもの

桂心《けいしん》

モチ粉とシナモンを水で練り、ゆでて法冠のように成形し油で揚げたもの

黏臍《てんせい》

小麦粉をこねてくぼみをつけて、油で調理したもの

饆饠《ひちら》

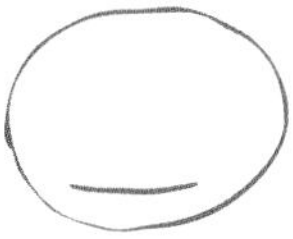

米、アワ、キビなどの粉を薄くして焼いた煎餅のようなもの

団喜《だんき》

小麦粉をこねてあんを包みこんで油で揚げたもの

餢子《ついし》

米粉を弾丸状に丸めて煮たもの

鎌倉・室町・安土桃山時代

喫茶と共に広がった点心

中国との貿易がさかんだった鎌倉時代、中国に留学した禅宗の僧侶たちが茶の湯の始まりとされる点心（禅宗の寺院で、食事の間にとる軽食）の文化を日本にもたらし、羹類《あつものるい》や饅頭《まんじゅう》が伝来します。羹類といえば、羊羹《ようかん》を思い浮かべますが、当時は、汁に羊の肝の形をした蒸し物を入れたものでした。中国の羊羹は、羊の肉を入れた汁物でしたが、日本でこのような形になったのは食肉の習慣がなかったためだと思われます。ちなみに茶道の隆盛期にあたる室町時代に蒸し物をそのまま菓子として供したのが羊羹の始まりとされています。

また、西洋からはカステラやカルメラなど南蛮菓子が伝えられました。キリスト教の布教や貿易を目的として来日したポルトガルやスペインの宣教師たちが、南蛮菓子を権力者へ贈ったと文献に記録されています。当時、貴重だった砂糖をふんだんに使用し、主な材料に鶏卵を用いたことが、日本の菓子の歴史に一大転機をもたらしました。

江戸時代

菓子文化の開花、基礎が確立

江戸時代に入り、政治の中心は江戸へ移っても、根強い文化が色濃く残る京都。そんな京都で生産されるものは高級品として扱われ、高品質で上流階級向けの「京」ブランドが確立。上方から江戸へ下る品物は「くだりもの」と呼ばれて重宝されました。一部の上流階級にもてはやされた京都生まれの上菓子「京菓子」が全国各地に伝播していきます。

一七二〇～一七八〇年頃には、庶民の間で江戸

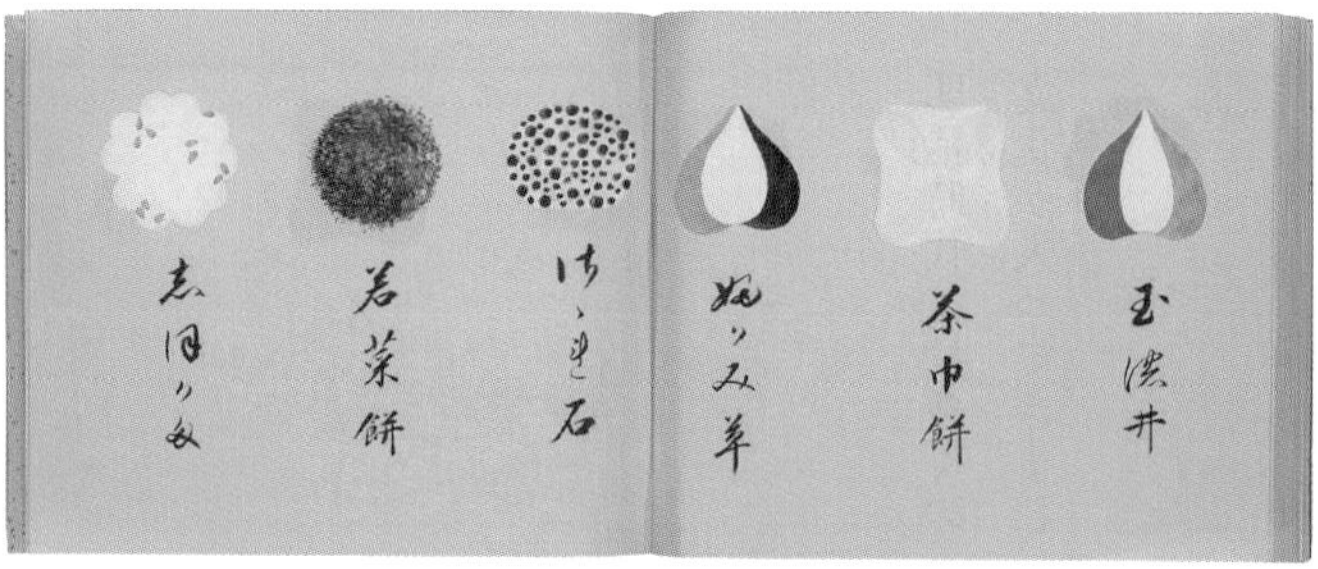

和製の黒砂糖ができるようになった寛政から文化・文政期。この頃より菓子の製法も格段に進歩しました。こちらは江戸後期頃にまとめられた和菓子の図です（加賀文庫「御蒸菓子雛形」東京都立中央図書館特別文庫室所蔵）

1861年に市村座で上演された歌舞伎「花競俄曲突（はなくらべにわかきょくずき）」を描いた、歌川豊国『三筋の綱吉 河原崎権十郎・粟餅のあん太郎　中村芝翫・あわ餅のきな蔵　市村羽左衛門』（国立国会図書館所蔵）

独自の菓子が作られるようになりました。江戸の町には職人が多かったことから、腹持ちの良い餅や大福など、気取らない生活密着型の菓子が人気となります。多くの人が集まる神社仏閣の門前でも菓子の販売が始まります。長命寺の桜餅や亀戸天神のくず餅などは、この時代から売り出されるようになり、今に伝わる名物の菓子も誕生しました。また屋台や行商での販売の他、餅つきにパフォーマンスを取り入れ人気を博した店が登場し、歌舞伎の題材にもなったといいます。この時代には出版業も盛んで、多くの料理本や菓子製造書が発行された事も、菓子の発展に寄与したと想像できます。菓子店や菓子名がランク付けされた安永六年（一七七七）発刊の『富貴地座《ふきじざ》位《い》』にも今に伝わる和菓子が多く記されています。江戸時代は現代の製菓業の基礎が確立された時代であるといえるでしょう。

江戸時代が終わりを告げると同時に開国した日本。明治時代には多くの西洋文化が入ってきました。そこで、洋菓子と区別するため、ここで初めて「和菓子」の呼び名が広まりました。

和菓子の種類一

多種多様な和菓子の世界。干菓子か、半生菓子か生菓子かを水分量で見てみましょう

和菓子の分類を水分量、製法で見てみよう

和菓子を一括りにして分類するのは難しく、水分量や製法など、分類する基準によって様々に分けられます。羊羹を例に挙げると、水分量では「生菓子」または「半生菓子」で、製法では「流しもの」、かたちでは棹《さお》物に分類されます。

ここでは、和菓子の水分量と製法での分類を見ていきましょう。

水分量で分類

完成直後の水分量によって、生菓子・半生菓子・干菓子の三つに分類（それぞれの店によって異なります）

水分量 10％以下

干菓子

打ち物	落雁《らくがん》、片栗物 など
押し物	村雨、しおがま など
掛け物	おこし、砂糖漬け、雛あられ など
焼き物	ボーロ、煎餅、おかき など
飴　物	有平糖、飴玉 など

水分量
10～
30％

半生菓子

流し物	羊羹《ようかん》、錦玉羹《きんぎょくかん》 など
練り物	求肥《ぎゅうひ》 など
焼き物	桃山 など
おか物	最中《もなか》、鹿の子 など

水分量
30％以上

生菓子

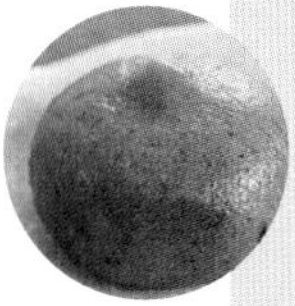

餅　物	おはぎ、柏餅、草餅 など
蒸し物	ういろう、蒸し羊羹、蒸し饅頭 など
焼き物	どら焼き、金鍔、カステラ など
流し物	羊羹、錦玉羹、水羊羹 など
練り物	練り切り、こなし、求肥 など
揚げ物	あんドーナツ など

和菓子の種類 二

餅物、蒸し物、焼き物、練り物など、ここでは十一の製法や材料で分類してみましょう

基本の製法や材料で分類

先述のように(P11)「和菓子」とは、明治時代の開国の際に外国から伝わった「洋菓子」と区別するための呼称です。

現在では多種多様な和菓子がありますが、今に伝わる和菓子の原型の多くが江戸時代に確立されました。製法も各々の店によって様々ですが、ここでは基本的な製法や材料を紹介します。

製法で分類

和菓子を製法や材料で分類する際も、調理法や材料を頭にして「○○物」と呼ばれます

餅　物	もち米を主原料とするもの 柏餅、大福 など
蒸し物	蒸して作るもの 蒸し饅頭《まんじゅう》、蒸し羊羹《ようかん》 など
流し物	型に流し込んで作るもの 羊羹 など
飴　物	水飴や砂糖を飴状にしたもの 有平糖 など

焼き物
焼いて作るもの
平鍋もの：どら焼き、金鍔《きんつば》 など
オーブン物：カステラ など

練り物
あんやもち粉などに繋ぎを加えて練って作るもの
練り切り、求肥《ぎゅうひ》 など

おか物
火を使わずに異なる素材を組み合わせて作るもの
最中《もなか》 など

打ち物
材料を型に入れて固めて作るもの
落雁《らくがん》 など

押し物
打ち物の中で、水分量が若干多いもの
しおがま など

かけ物
砂糖液などをかけたり漬けたりして作るもの
おこし など

揚げ物
油で揚げて作るもの
揚げ饅頭 など

和菓子の材料

和菓子作りに必須の素材。三種を更に細かく分類してみましょう

和菓子の主な材料は、豆・粉・砂糖

和菓子の製造に欠かすことのできない豆・粉・砂糖。どんな和菓子でもこの三つの材料のどれかが使用されていると言ってよいでしょう。

こしあんや粒あんなど和菓子には欠かせないあんの材料の豆。あんを包んだり乗せたり、和菓子の土台となる粉。味の決め手となる砂糖。ここでは三つの原料を細かく分類します。

粉

うるち米

新粉・上新粉・上用粉

生のうるち米を粉にしたもので、新粉・上新粉・上用粉の順に細かい。柏餅や団子、薯蕷《じょうよ》饅頭など

もち米

餅粉

生のもち米を粉にしたもの

道明寺粉

白玉粉

水に浸したもち米を、水を切ってから水を加えながらつぶして乾燥。白玉団子など

道明寺《どうみょうじ》粉

もち米を蒸して乾燥させて粗く引いたもの。道明寺など

寒梅粉

餅を焼いて乾燥させて砕いたもの

小麦粉

小麦の種子を引いた粉。グルテンの量で強力粉・薄力粉に分類される

葛粉《くずこ》

葛を粉にして布袋に入れ、水中で揉みだした沈殿粒を乾燥させたもの

豆

小豆

小豆《あずき》

主にあんに使われる

手亡豆《てぼうまめ》

インゲン豆の一種で白あんに使われる

白小豆

栽培が難しく高級和菓子に用いられる

えんどう豆

緑色の豆は鶯《うぐいす》あんに、赤色の豆はみつ豆などに使用

手亡豆

砂糖

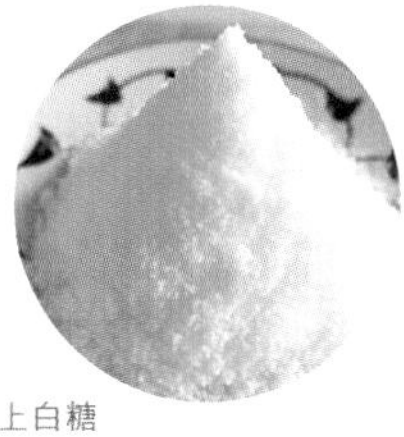
上白糖

上白糖

精製度が高い上質の白砂糖

和三盆

中国から輸入した砂糖（唐三盆）と区別する呼び名で、四国地方で伝統的な製法で作られる。きめ細やかで口溶けがよい

三温糖

三温糖

中白糖より精度が低く、褐色をしている

黒砂糖

黒砂糖

沖縄や奄美大島で製造。精製していない黒茶色の砂糖

和菓子の道具

職人の魂が込められた道具の数々。それ自体が工芸品のように美しく、見飽きることはありません。

塩瀬総本家に保存されている木型

和菓子づくりに必要な道具は、へら、棒、ふるい、木型、陶型、焼印など様々。中でも木型は、四季の草花や鶴・亀・鯛などの縁起物を精巧に型抜きして華《か》麗《れい》な装飾を施す、和菓子には欠かせない道具です。和菓子を「食べられる芸術品」と喩《たと》えるならば、数十種の彫刻刀を使い分けて作る木型は「工芸品」。その美しい世界を覗いてみましょう。

木型職人の技術を後世に伝える

一三四九年創業の「塩瀬総本家」（P106）では、店で長年使われてきた一二〇点ほどの木型を保管しています。饅頭《まんじゅう》で有名な同店ですが落雁《らくがん》も評判で、お盆やお彼岸の供物のほか、宮内庁をはじめとする官公庁や企業などから祝儀の品として発注されてきました。「木型を作る職人さんも少なくなりました。大切に受け継いでいきたいと思います」と会長の川島英子さんは話します。

砂糖やあんなどの材料を入れて抜き出し、様々な形を作る。ポンと叩いて型抜きするため、木型には丈夫な桜の木を使うことが多い。写真は仏事用の蓮の葉をかたどった落雁とその木型

かつて乃木神社（右）、箱根神社（左）で授与された菓子の木型。仕上がった形の左右・凹凸を逆転させて彫り、平面図を木型へと立体化させていく

こちらも仏事用、蓮の花の落雁。花弁の一枚一枚に精巧な彫りが施されている

※ P20 ～ 21 の道具は全て塩瀬総本家所蔵

宮内庁の御用の際に使用した木型。天皇の紋である十六弁八重表菊（左）、皇后の紋である五七の桐（右）

祝いの席に欠かせない鯛は、祝い菓子のモチーフとして人気

菊の落雁とその木型。叙勲・褒章などの祝い菓子として注文されることが多い

菊の御紋の焼印

塩瀬総本家の名物「志ほせ饅頭」の焼印

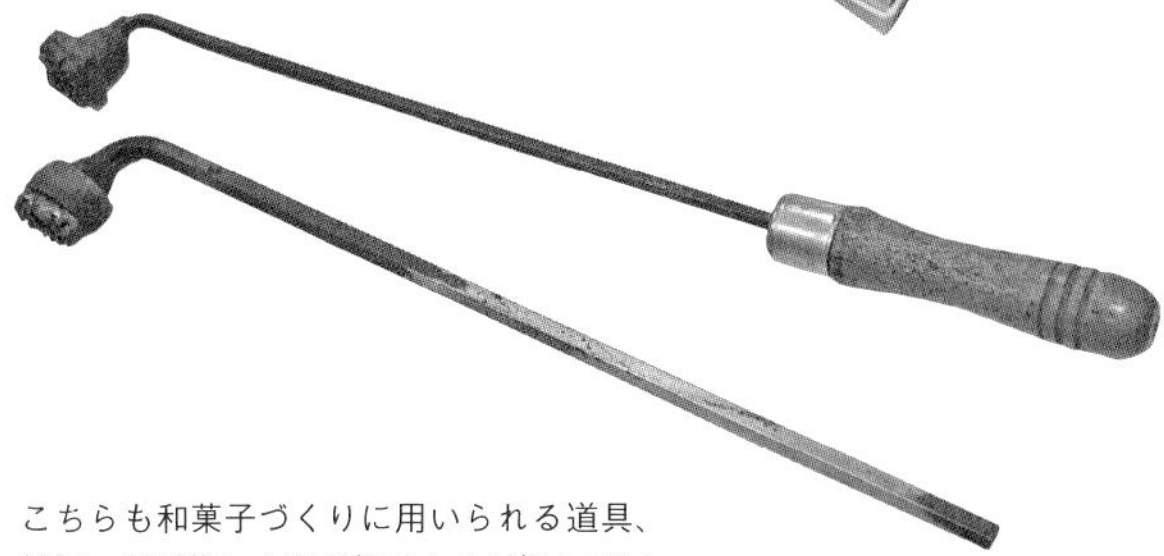

こちらも和菓子づくりに用いられる道具、焼印。火で熱した印を饅頭などに押して屋号や紋などを入れる

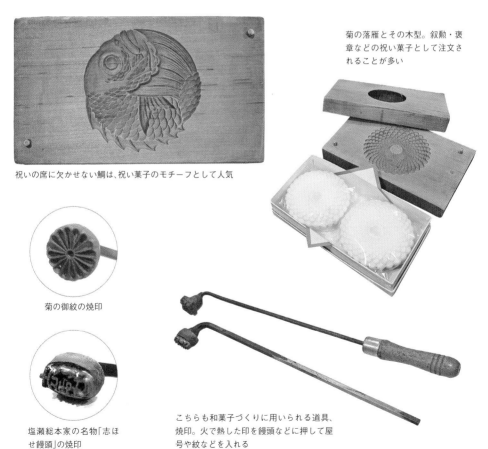

奥深き菓銘《かめい》の世界

和菓子に付けられた風雅な名前「菓銘」。その奥深い世界を覗いてみましょう。

和菓子は「羊羹《ようかん》」や「最中《もなか》」といった種類の名称以外に、その種類を示すこととは違う固有の菓銘を持っています。その歴史と意味について、全国和菓子協会専務理事の藪光生《やぶみつお》さんにお話しいただきました。

菓銘から広がる感性豊かな世界

「和菓子は五感の芸術である」という言葉は、全国和菓子協会第二代会長の故・黒川光朝《みつとも》氏が提唱した言葉です。五感とは視覚、触覚、味覚、嗅覚、聴覚のことで、和菓子にとって視覚や味覚が大事であることは言うまでもありません。

触覚は、すっと楊枝が通る感触や、噛み心地や舌触りなど。嗅覚については、和菓子にはあまり強い匂いのものはありませんが、日本人の感性が素材の持つほのかな香りを感じ取ることといえるでしょう。

では和菓子において聴覚で感じるとはどのようなことなのでしょうか。

藪 光生
やぶ みつお

(株)環境計画集団社長室長を経て、1978年全国和菓子協会専務理事に就任。業界内の経営指導、広報活動に協力する他、講演活動、教育指導を行う。主な著書に『新 和菓子噺』(キクロス出版)、『和菓子』(角川ソフィア文庫)など

煎餅などを除けば、ほとんどの和菓子は食べる時に大きな音を立てません。和菓子の聴覚というのはそういった音ではなく、菓子に付けられた「菓銘」から聴こえてくる響きを指していきます。菓銘は短歌や俳句、花鳥風月や地域の名称などに由来してつけられおり、菓銘を聞けば季節やその土地の風物などが想起され、そこから広がる世界を楽しめるのです。

風雅な菓銘が普通名詞に

おはぎはもともと「萩の花」という菓銘がついていました。小豆の皮が点々とついている様子が、萩の花に似ているためです。それが「おはぎ」という普通名詞として残ります。おはぎは他にも「隣知らず」「夜舟」「北窓《きたまど》」などの風雅な菓銘を持っています。おはぎは「ぼた餅」とも言いますが、餅とは言っても臼でつくような餅とは違いこねて作るものですから、作っていても隣家に音が聞こえない。だから「隣知らず」。「夜舟」は江戸時代、真っ暗な夜は船を出すのは危ないので「舟が着かない」と「餅をつかない」をかけたもの。「北窓」は、北向きの窓には月（つき）がないから。昔の人は言葉遊びや洒落を楽しんだんですね。

最中も元は「最中の月」（＝十五夜の月）という菓銘から普通名詞になったもので、平安時代の歌人・源 順《みなもとのしたごう》の「水の面《おも》に　照

る月なみを　数ふれば今宵ぞ秋の　最中なりける」の歌に由来します。

落雁《らくがん》は諸説ありますが、江戸時代、米の粉を四角に固めて黒ゴマを散らした菓子を時の帝に献上したところ「白山の　雪より高き　菓子の名は　四方の千里に　落つる雁かな」とその歌を賜ったことに由来するともいわれています。

屋号、和歌、俳句、名所など由来は様々

和菓子には「○○屋の最中」「○○屋のどら焼き」など、菓子屋の屋号が菓銘のようになっているものもあります。同じ羊羹でも、店によって水分量、味、形状など仕上がりが違いますよね。

菓子屋が和歌からとった言葉を菓銘につける場合もあります。「未開紅《みかいこう》」はまだ冬の寒さの中、これから開こうとする梅のつぼみを表現しています。「此《こ》の花」という菓銘もありますが、これは梅の異称から。梅の形をした和菓子の菓銘には他にも、梅を愛した菅原道真に由来する「東風《こち》」「飛梅《とびうめ》」「菅公梅《かんこうばい》」などがあります。

紅葉の形をした練り切りに「竜田《たつた》」と名付けられることがありますが、これは百人一首でも有名な在原業平の歌「千早《ちはや》ぶる　神《かみ》代《よ》もきかず　竜田川　からくれなゐに　水くくるとは」から来ています。

柿の形をした練り切りには「初ちぎり」という菓銘がつけられることも。これは江戸時代中期の俳人・加賀千代女の句「渋かろか　知らねど柿の　初ちぎり」から。結婚生活が幸せであるかどうかは結婚してみないとわからないという結婚前夜の不安な気持ちを、柿が渋いか甘いか食べてみなければわからないということになぞらえたものです。

地域の名所旧跡や故事来歴から菓銘をつけることもあります。松山の「薄《うす》墨《ずみ》羊羹」は天武天皇からこの地に賜った名桜「薄墨桜」に由来します。

菓銘の由来を聞いてみよう

戦のない江戸時代、歌舞伎や文楽、浮世絵、文芸など、様々な文化が発展しましたが、菓子もその一つ。参勤交代によって街道が整備され、人や物が行き来し、全国の産物が他の地域にも知られるようになりました。こうしたことも、この時代に多様な菓銘が誕生した背景にあります。

もちろん明治時代以降も菓銘は創作されています。私は以前、千葉県の行徳に行った時、「鴨場の月」という和菓子に出合いました。店の人に菓銘の由来を尋ねると、近くに宮内庁の鴨場があることからとのこと。こうして訪ねた先の和菓子屋さんで菓銘の由来を聞くと、そのお菓子をいただく時に一層の趣を感じると思います。家族におみやげを買ってきて、「これは『竜田川』というお菓子で、紅葉の名所、業平の歌に由来するんだよ」と言えば、「そういえばそろそろ紅葉が綺麗な季節。一昨年の八幡平は素晴らしかったね」などと会話も広がるでしょう。菓銘から季節を感じたり様々なことを連想していただいたりするのも、和菓子の楽しみ方の一つです。

和菓子の日の由来になった「嘉祥《かじょう》」

毎年6月16日は「和菓子の日」。この日には古来より「嘉祥」（「嘉定」とも）と呼ばれる儀式が行われていました。

古くは平安時代から、江戸時代には盛大に

「嘉祥」の起源については諸説ありますが、嘉祥元年（848）、仁明天皇が神託により16種の供え物（餅や水菓子など）を捧げ、疫病退散を祈願したのが始まりとも言われています。

江戸時代には、「嘉祥頂戴」と称して将軍が家臣へ菓子を配る行事が催され、幕府にとっても重要な日とされました。旧暦6月16日には江戸に滞在している大名や旗本は全員が江戸城へ登城。水戸・紀伊・尾張の御三家は新鮮な鯛を将軍に献上する他、自らも儀式を催したそうです。

文献によれば「饅頭三ツ盛」が196膳、総数588個、「羊羹五切盛」が194膳、総数970切れ、「金飩《きんとん》拾五盛」が208膳、総数3120個…等、江戸城の500畳の大広間に実に20684個もの和菓子が敷き詰められたといいます。ちなみに、二代将軍秀忠の時代までは、将軍が手ずから菓子を渡していたそう。その為、儀式が終わった後も数日間は肩が痛かったというエピソードも残されています。

赤坂日枝神社で行われる、山王嘉祥祭の様子

幕府が嘉祥を大切にした理由とは

では、なぜこれほどまで大切な行事となったのでしょう。そこには、徳川家康が武田信玄と戦った三方ヶ原の戦いの逸話が関係しているようです。

三方ヶ原の戦いに臨む家康は戦勝祈願に訪れたとある神社で、裏に十六と書かれた嘉《か》定《じょう》通宝《つうほう》(宋銭)を拾い、縁起の良さを喜んだといいます。嘉定通宝は嘉と通が「かつう」と読める事から、勝利に繋がると考えたからです。その際、家康家臣の大久保忠行(主水《もんと》)は饅頭、羊羹、きんとん、寄水、鶉焼、阿古屋の六種類の菓子を家康に献上。家臣一同にも菓子が配られました。

戦の結果、信玄に大敗し九死に一生を得る事になる家康ですが、家康は逃げ帰った己の姿を描かせ、この戦を生涯の教訓としたといいます。徳川家が嘉祥の行事を大切にしたのも、家康の生涯の中でも重要な戦いとなった、三方ヶ原の戦いに繋がるからと考える事ができるでしょう。

神事として受け継がれる嘉祥

徳川将軍家の産土神《うぶすながみ》であり、江戸三大祭の一つ、山王祭を脈々と受け継ぐ赤坂日枝神社では、現在でも山王祭の期間中の6月16日に「山王嘉祥祭」の神事が行われています。

明治時代に入り、一度は途絶えてしまった嘉祥でしたが、昭和54年6月16日、「和菓子の日」の制定と時を同じくして、執り行われるようになりました。

当日は地域を代表する和菓子職人が神前に練り切りを捧げ、疫難退散と健康招福、和菓子文化の振興等を祈願します。

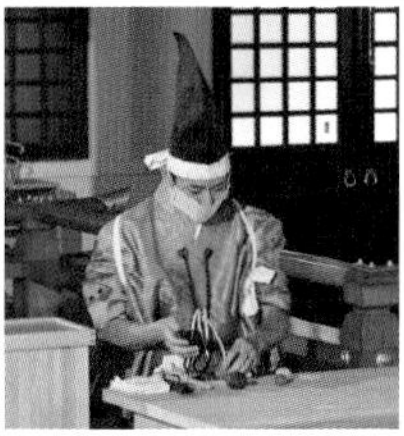

2016年の山王嘉祥祭では、銘菓「切腹最中」で知られる「新正堂」の四代目、渡邉仁司さんが練り切りを捧げました

1 1月から12月までの月名です

2 その月の頃に登場する(していた) 菓銘(和菓子の名前)の一例を紹介しています

3 その月ごとの習わしや行事を紹介しています

4 金沢の老舗和菓子店「森八」で製造されてきた季節の上生菓子です

5 その月の頃に店頭に並ぶ代表的な和菓子を紹介しています

6 全国の祭事や催しとそれにまつわる和菓子について紹介しています

7 浮世絵や古典籍に描かれている和菓子について紹介しています

第2章

季節の和菓子ごよみ

浮世絵や古典籍に描かれる和菓子、全国の祭事や催しに用いられる和菓子などを月ごとに紹介します

睦月《むつき》 一月

新年を寿ぎ、縁起を担ぐ。祝いの席を華やかに

年の始まりの一月は、歳神様をお迎えし正月に因んだ様々な祝いの行事が行われます。そのような席に相応しい縁起の良いものをモチーフとしたお菓子が店頭を彩ります。また茶道で一年の初めに開かれる初釜では、花びら餅が用いられる事が多く、こちらは宮中で行われていた長寿を願う歯固めの儀式に由来します。

菓銘

菱葩餅《ひしはなびらもち》、鶯餅、切山椒、初夢、蓬莱、若葉、宝船、春暁、初霞、若水など

（森八）

左より「西王母」「珠鶴」「葩餅」「松重」「室の梅」

上生菓子

（大松屋本家）

山形県鶴岡の地を訪れた芭蕉が詠んだ句「珍しや　山をいで羽の　初なすび」に因んで大松屋本家の先代が命名したこちらの「初なすび」。一富士二鷹三茄子といわれるように、正月にも相応しい和菓子です。例年気温が15℃以下になる11月上旬頃より鶴岡在来の小茄子を使用して製造販売されます

初なすび

花びら餅

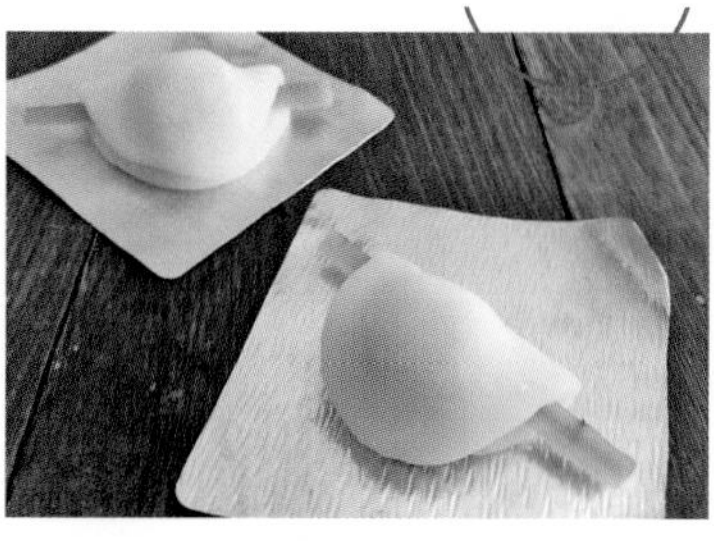

餅に赤い菱餅を重ね、あんとごぼうを包んだ「花びら餅」。平安時代、正月の宮中では長寿を願って硬いものを食べる歯固めの儀式が行われていました。明治時代に裏千家によって茶席に用いられたことから、一般にも食べられるようになります

松本あめ市

［長野県松本市］

例年一月の第二土日に開催され、江戸時代には「塩市」と呼ばれた歴史あるイベント。期間中には十数万人が訪れ、市内は賑わいます。「塩市」は上杉謙信と武田信玄の「敵に塩を送る」の逸話に由来し、やがて塩ガマス（塩がたくさんつまった袋）をかたどった飴を売るようになりました。

上杉対武田の綱引き、おみこしの巡回や太鼓演奏などの他、「中町・蔵シック館」では「全国あめ博覧即売会」も開催されます。何十種類もの飴が並べられ、飴細工や福飴の販売も行われます。

浮世絵・古典籍に見る菓子

1月15日の小正月の頃、木の枝に紅白の団子や餅を付けた餅花や、米の粉を丸めて繭に見立て柳の枝につるした繭玉を飾りました。豊作を願ったお正月飾りの一つで、小正月が過ぎると、自宅で焼いて食べていました

歌川国芳「屠蘇機嫌三人生酔」（国立国会図書館所蔵）

如月《きさらぎ》　二月

節分は豆をまいて厄災を祓い清める

節分の日は、全国各地で豆まきが行われます。旧暦の「節分」とは、季節の分かれ目の事を言い、立春、立夏、立秋、立冬などの前日を指します。現在、二月三日を節分と称するのが一般的で、旧暦の正月の頃と重なり重要視されてきました。悪鬼・疫病を追い祓《はら》う行事は、古くは中国に始まり、平安時代の宮中では大みそかに盛大に行われていました。

（森八）

上生菓子

左より「ときめき」「あん・オ・ショコラ」「曲水」「春日和」「つくし」「つぼみ桜」

鶯餅

春の訪れを告げる鶯。そんな鶯に因んだ鶯餅は餡を求肥で包み鶯粉がまぶされています

節分福豆

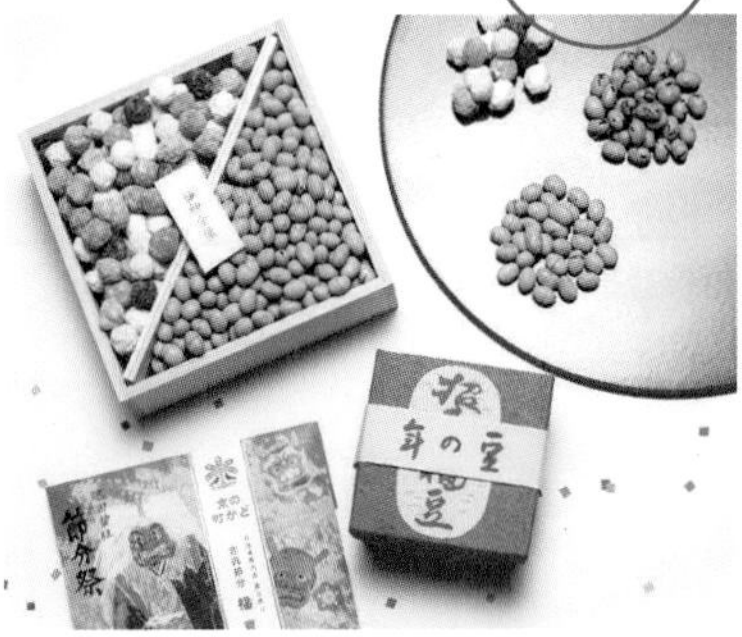

京銘菓「夷川五色豆《えびすがわ》」で知られる豆政。節分の頃には店頭に様々な福豆が並びます

（豆政）

菓銘

早春、双葉、一重、白梅、一輪、玉椿、椿寿、長閑、春日、丹梅、氷雨、寒明、椿餅など

吉田神社の節分祭 ［京都府京都市］

貞観《じょうがん》元年（八五九）、平安京の守り神として創建された吉田神社は、厄除け開運の神様として崇敬されてきました。室町時代から始まった節分祭は、例年およそ五〇万人が訪れ、盛大に行われます。節分前後の三日間にわたり神事が行われ、前日当日の二日間は八〇〇店の露店が並びます。

そんな吉田神社の節分祭の豆を納めているのが、明治十七年創業の「豆政」。初代政吉が生み出した「夷川五色豆」は、宮中の祝い事にも用いられ、地元の人々に愛されています。

浮世絵・古典籍に見る菓子

大奥では年男の御留守居役が、豆を用いて「万々歳」などの文字を畳の上に記し、各部屋を「福は内」と大声で唱えて歩き回りました

楊洲周延『千代田之大奥　節分』（国立国会図書館所蔵）

弥生《やよい》　三月

菓銘
草餅、残雪、白椿、白魚、雪解、蓬餅、菱餅、花筏、早蕨など

女子が主役の桃の節句
健やかな成長を願う

桃の花が咲く頃の三月三日の雛祭りは、女児の一大イベント。お雛様を飾って健やかな成長を願います。雛祭りと言えば雛段でも見る菱餅や雛あられなどのお菓子が定番。

この時季、平安時代の宮中では草餅を作って食べる習慣があったと伝わり、草の匂いが邪気を祓《はら》うと考えられていたそうです。

（森八）

上生菓子

左より「スミレ」「橘」「おびな」「めびな」「桃の花」「水温む」

ひちぎり

京都の雛祭りのお菓子と言えばこちら。大勢の来客のあった宮中では、あまりの忙しさに餅を丸めるひまがなく、餅を“ひっちぎって”食べたことに由来するとか

雛あられ

江戸時代、菱餅を砕いて持参して、子どもたちが人形で遊んだことから始まったと伝わります

しまばら〝浪漫〟ひなめぐりん

［長崎県島原市］

二月下旬から三月上旬に開催されるこのイベントでは島原城観光復興記念館を主会場に、七段飾りや押し絵雛、全国のかわり雛などが展示されます。市内の商店街や武家屋敷、宿泊施設などにも展示され、様々なイベントも行われます。

この時期に販売される「桃カステラ」は長崎県を代表する伝統銘菓で、カステラの上に砂糖と水飴を練り上げた「すり蜜」で桃を描いたもの。昔ながらの素朴な味わいで、島原では初節句のお返しとしてもお馴染み。会場では市内の桃カステラが一堂に集められます。

浮世絵・古典籍に見る菓子

江戸後期の裕福な家庭での雛祭りの様子で、賑やかだったことが伺えます。雛壇には、菱餅が飾られています

歌川国貞『風流古今十二月ノ内　弥生』文政10年～嘉永期（豊橋市二川宿本陣資料館所蔵）

卯月《うづき》 四月

菓銘

蕨餅、菜の花、吉野、一人静、早蕨、若桜、花衣、桜月夜、忘れ霜、卯月など

行楽シーズンの始まり 桜餅に花見団子

桃の節句が過ぎたら、南から桜前線が北上してきます。日本中がピンク色に染められるこの季節、桜にちなんだ和菓子の代表格は「桜餅」でしょう。そして、花見の定番といえばピンク、白、緑の三色団子。桃や桜など春のイメージカラーであるピンク、そして若葉や新緑を想起させる緑色が、花見気分を盛り上げてくれます。

（森八）

上生菓子

左より「桜」「みつば」「春時雨」「青陽」「片栗の野」「山桜」

桜餅

江戸時代、隅田川沿いの長命寺で誕生したのが始まり。水で溶いた小麦粉を薄く焼いた生地の中に餡を入れ、塩漬けの桜葉で包んでいます。関西風は写真のように、うるち米の粒が残った道明寺餅を用いたタイプが主流です

三色団子

花見団子といえばピンク、白、緑の三色の団子が定番。江戸時代に誕生した風流な団子です

隅田川のお花見
［東京都墨田区］

東京の花見の名所はなんといっても隅田川。その歴史は八代将軍・徳川吉宗が堤に桜を植えて庶民に憩いの場を提供したことに始まります。実は、花見客がたくさん集まることで堤を踏み固める護岸強化の目的もあったとか。

現在、両岸は「隅田公園」となっており、台東区側・墨田区側、それぞれで桜まつりが開催されています。江戸末期創業の「言《こと》問団子《といだんご》」は隅田川からすぐ近くの向島の老舗。桜まつりでは名物の団子が墨田区と墨田区観光協会が出店するブースでも販売されます。

浮世絵・古典籍に見る菓子

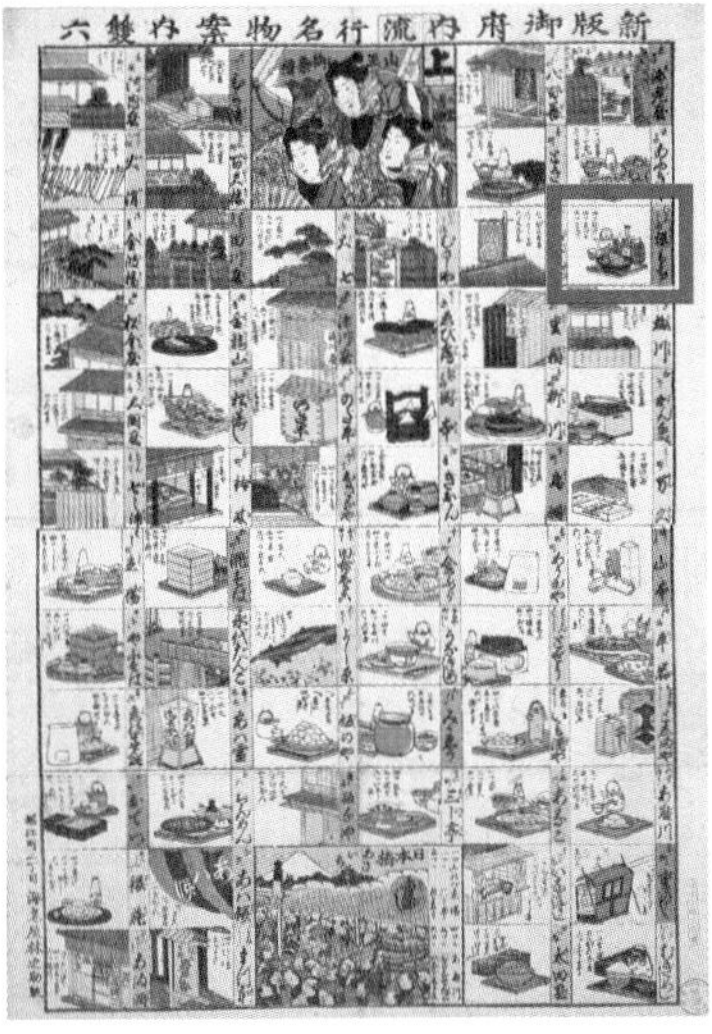

江戸時代には多くの絵双六が作成されました。こちらは江戸時代後期に作成されたもので、江戸の町で人気の食べ物や飲食店が紹介されています。そのうちの一つのコマに桜餅の絵とともに「むこうじま 桜もち」と描かれています

一英斎芳艶「新版御府内流行名物案内双六」（部分／国立国会図書館所蔵）

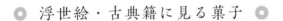

皐月《さつき》　五月

菓銘

柏餅、粽、淡雪羹、山藤、山吹、梨花、松露、若草、青楓、花菖蒲、葵、富貴草、蓬莱山など

こいのぼりが泳ぎ 初夏の風がさわやか

風薫るさわやかな季節が訪れました。暑くもなく寒くもなく、一年で最も過ごしやすい季節といえるでしょう。五月の和菓子は「端午《たんご》の節句」に欠かせない「柏餅」と「ちまき」が挙げられます。端午の節句は中国から伝わったもので、ちまきも中国の故事にちなむもの。一方、柏餅は家系の繁栄を願う日本の風習です。

（森八）

上生菓子

左より「あやめ」「春雷」「水紋」「早苗」「ひごい」「感謝をこめて」

柏餅

柏は新芽が出るまでは古い葉を落とさないことから、家督が途絶えない縁起物として好まれました。柏餅が作られるようになったのは江戸時代のことです

ちまき

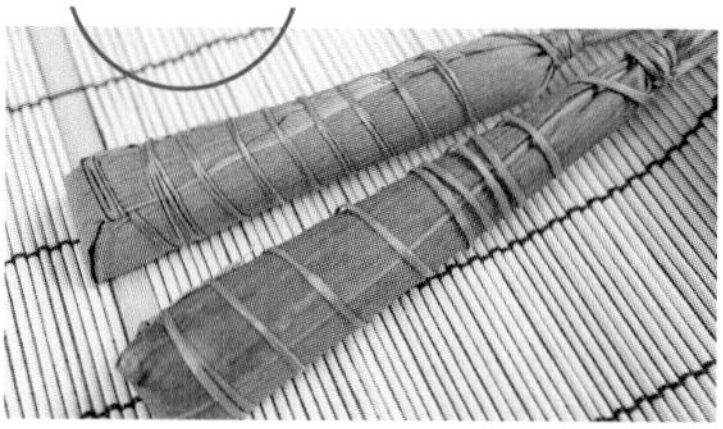

中国の戦国時代、楚《そ》の国の王族・屈《くつ》原《げん》の故事にちなむ菓子です。湖に投身した屈原の命日に、村人が供物を投げ入れていましたが、あるとき村人の夢に屈原が現れ、湖に住む龍に供物を横取りされると訴えました。以来、供物を葉で巻いて捧げるようになったといいます

粽《ちまき》祭［大阪府堺市］

大阪府堺市の方違《ほうちがい》神社では、神功《じんぐう》皇后が「方《かた》違《たがえ》の祓《はらい》」を行った故事により、毎年五月三一日に例大祭が行われます。「方違の祓」とは、方角が悪いとされる目的地に向かう場合、いったん別の地を経由することで災いを避ける風習のことです。方違神社ではこの例大祭で、ちまきを神前に奉《たてまつ》る神事が行われます。

菰《こも》の葉で埴土《はにつち》（粘土質を多く含んだ土）を包んだちまきを授与されれば、方位から来る災いから免れることができるとされ、転居や旅行等の悪方位を祓うといわれています。神前に奉納されたちまきは一人二本、参拝者に授与されます。

浮世絵・古典籍に見る菓子

歌川広重の人気シリーズ『東海道五十三次』の一枚で、現在の愛知県豊橋市あたりを描いたもの。街道沿いには柏餅が人気の茶屋があり、「名物かしわ餅」の看板が描かれています

歌川広重「東海道五拾三次 二川 猿ケ馬場」（国立国会図書館所蔵）

水無月《みなづき》　六月

菓銘
水羊羹、氷室、さみだれ、深見草、紫陽花、更衣、田毎の月、木目流し、水仙粽など

梅雨の季節に災厄を祓う

洗濯物の乾きづらい日が続きますが、米作りには大切な雨が降ります。六月三〇日に神社で行われる「夏越《なごし》の祓《はらえ》」は、一年の半分の災厄を祓《はら》い清め、残り半年の無病息災を祈願する意味が込められています。この時季の和菓子は梅や紫陽花などの季節の植物をかたどったものや、夏越の祓にちなんだものが作られます。

（森八）

上生菓子

左より「贈り物」「あん・オ・ショコラ・ホワイト」「蝶」「宵桜」「春の水辺」「吉野桜」

明治時代以降、この時季に主に京都で食べられる菓子。三角形をしており、下はういろう生地。上に乗っている小豆には邪気を祓う意味が込められている

水無月

氷室饅頭《ひむろまんじゅう》

江戸時代の金沢では、加賀藩は旧暦6月1日に、氷室（雪や氷を夏まで保管する場所）の氷を幕府に献上していた。江戸まで無事に氷が届くようにと供えられたのが氷室饅頭。その風習が今日にも伝えられ、無病息災を願って食べられるようになった

福徳嘉《か》祥《じょう》祭《さい》

［東京都中央区］

「嘉祥祭」は菓子や餅を神前に供えて健康招福を願う神事。東京では赤坂の日枝神社の嘉祥祭が有名ですが（P27参照）、日本橋の福徳神社でも毎年六月に行われています。二〇一四年に社殿を新しくした福徳神社では二〇一八年にこの祭が始まり、隣接する商業施設「COREDO室町3」内の「鶴屋吉信東京店」など数店舗が福徳神社に和菓子を奉納しています。期間中、COREDO室町では和菓子フェアを開催。神社周辺の店舗にて買い物をした人には疫病退散を祈り、「嘉祥祭の御朱印」を配布しています。

浮世絵・古典籍に見る菓子

旧暦6月16日、江戸城で行われた嘉祥の儀式の様子を描いた錦絵。大名・旗本が江戸城の大広間に集まり、将軍から菓子を賜ったとされています

楊州周延　「千代田之御表　六月十六日嘉祥ノ図」（国立国会図書館所蔵）

文月《ふみづき》　七月

菓銘

滝つ瀬、せせらぎ、浮き草、年魚、夏木立、常夏、京鹿の子、山鉾など

五節句の一つ、七夕に天皇に捧げられた索餅《さくべい》

平安時代、七夕の日に天皇に献上された、中国伝来の唐菓子が「索餅《さくべい》」（Ｐ９）です。小麦や米粉、塩などからなる生地を揚げた菓子で、蔦を編んだような見た目をしていたそう。ちなみに、現在のような七夕祭りが始まったのは江戸時代。中国の「織姫と彦星の伝説」に裁縫の上達を神仏に祈る「乞巧奠《きこうでん》の行事」などが結びついたと伝わります。

（森八）

上生菓子

左より「天の川」「撫子」「日輪草」「雨景色」

若鮎

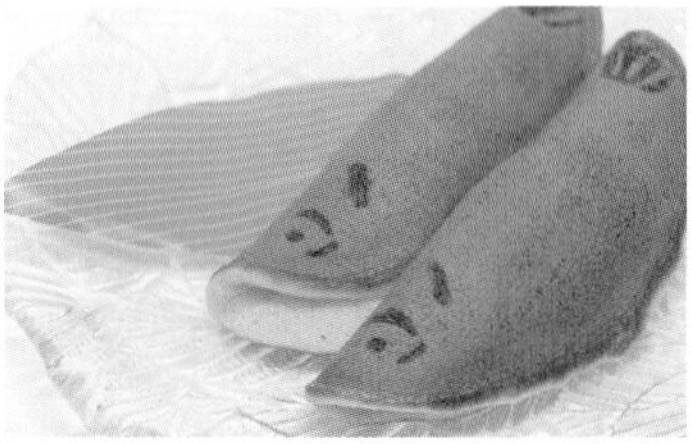

夏の風物詩・鮎の姿を模した「若鮎」は、カステラ生地などで求肥やあんを挟んだ菓子。店ごとに異なる鮎の表情や形にも注目したいところです。鮎漁の解禁される６月頃から７月頃にかけて販売されます

土用餅

江戸時代、季節の変わり目となる土用（立春・立夏・立秋・立冬前の18日間）には鰻をはじめとする滋養の付く食べ物が好まれました。その一つが土用餅（あんころ餅）。小豆の栄養価の高さが好まれたのでしょう

祇園祭［京都府京都市］

夏の京都を彩る、祇園祭。七月の一カ月間にわたり行われ、日本三大祭の一つにも数えられています。七月十四日から三日間に及ぶ宵《よい》山や、同十七日・二四日に行われる山鉾《やまぼこ》巡《じゅん》行《こう》、同じく十七日・二四日に行われる神輿《みこし》渡《と》御《ぎょ》など様々な神事・行事が実施されます。京都の街が大いににぎわいます。祭の期間中、市内の和菓子店の中には、山鉾や八坂神社の神紋など祇園祭にまつわる意匠を施した菓子を販売する店も多いので、様々な店をめぐってこの時期だけの菓子と巡り合うのも楽しいでしょう。

（京菓子處 鼓月）

浮世絵・古典籍に見る菓子

旧暦7月26日には、月光のなかに阿弥陀如来・観音菩薩・勢至《せいし》菩薩の三尊が現れるとされ、それを拝むための「二十六夜待ち」が行われました。その様子を描いた浮世絵には、寿司や蕎麦の屋台と共に団子の屋台も描かれています

歌川広重「東都名所 高輪廿六夜待遊興之図」（山口県立萩美術館・浦上記念館所蔵）

葉月《はづき》 八月

菓銘

玉の井、空蝉、寒氷、水牡丹、玉笹、笹の露、うば玉、玉簾など

お盆に供える落雁《らくがん》は、甘味が貴重であった為

夏祭りや花火大会、お盆など行事が盛りだくさんの八月。もともと旧暦七月十五日に行われていたお盆でしたが、現在は八月に行う地域も多くあります。お盆には季節の農作物に加え、ご飯や餅、団子が供えられます。落雁を供えるのは、甘味が貴重な贅沢品であったことから、大切な先祖に供えたためだと伝わります。

（森八）

左より「遠花火」「桔梗」「向日葵」「玉芙蓉」

上生菓子

錦玉羹《きんぎょくかん》

暑さ厳しいこの時季は、見た目にも涼やかな菓子が好まれました。寒天に砂糖や水飴、練り切りなどを入れて煮詰めたのち、型に流し込んで冷やし固めた錦玉羹はその代表格です

葛饅頭《くずまんじゅう》

葛粉に砂糖などを加えた生地で餡を包み込んだ葛饅頭も、暑い季節にこそ食べたい菓子。葛の名産地である吉野に因み、「吉野饅頭」とも呼ばれます

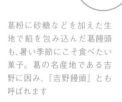

たのもさん

［広島県廿日市市］

米の収穫期を目前に控えた旧暦八月一日は「八朔《はっさく》」と呼ばれ、田に稲が実ったことへの感謝と豊作を祈願する重要な一日でした。世界遺産・厳島神社で知られる宮島では、八朔の日には全長六〇センチほどの木船に家族の人数分のしん粉細工の人形や犬を乗せ、海に流す風習が現代も行われています。かつては、対岸で拾い上げられた船は、五穀豊穣・豊漁祈願の縁起物として田畑に供えられたのだといます。

写真提供：一般社団法人　宮島観光協会

浮世絵・古典籍に見る菓子

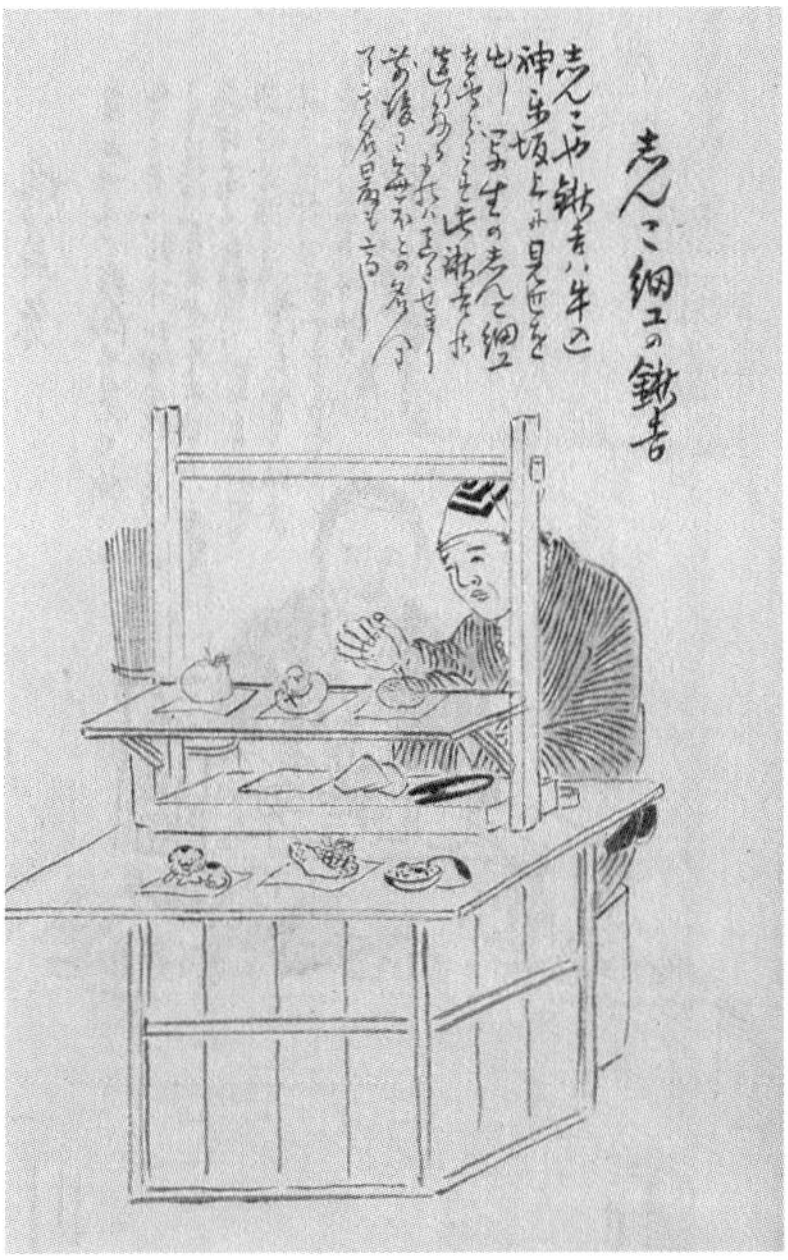

しん粉に色を付け、動物や花々の形に成型するしん粉細工師は江戸時代後期の文化年間（1804～1818）に登場したといわれ、縁日などの見世物としても人気を博しました

清水晴風「世渡風俗圖會」（国立国会図書館所蔵）6巻より「しん粉細工の鍬吉」

長月《ながつき》　九月

菓銘

初秋、秋香、みのり、重陽、重ね菊、菊饅頭、栗饅頭、栗蒸し羊羹など

喜びに満ちる収穫期
名月に豊作の感謝を

旧暦八月十五日(現在の九月中旬~下旬)の満月は「十五夜」と呼ばれ、日本人は古来より中秋の名月を楽しんできました。

月見の際に愉しむ菓子といえば、もちろん月見団子。本来は農村の行事で、米の収穫を間近に控えたこの時期に作神様に見立てた〝お月様〟に感謝を込めて供えたのがその由来とされます。

(森八)

上生菓子

左より「うさぎ」「月見月」「山路」「一葉」「秋のおとずれ」「姫菊」

月見団子

お月見のお供え物といえば、ススキと月見団子。『守貞謾稿《もりさだまんこう》』によれば、江戸は丸型、関西では尖った形にして三宝にお供えしたそうです

(榮太樓總本舗)

月見うさぎ

十五夜を迎える9月には、薯蕷饅頭《じょうよまんじゅう》をうさぎに見立てた可愛らしい饅頭が和菓子店に並ぶ。こちらは、榮太樓總本舗の「月見うさぎ」

観月祭［大阪府大阪市］

九月には全国各地の神社で「観月祭」が催されます。全国に約二三〇〇余りある住吉神社の総本社であり、「和歌神」である住吉大神を祀る住吉大社では、反橋の上で秋の七草や月見団子が供えられた後、全国から献じられた和歌の中から入選歌を神職が古式の作法に則って披講します。その後、住吉踊・舞楽の奉納へと続きます。朱色の反橋の向こうにはゆっくりと昇りゆく満月。厳かで幻想的な風情が境内に漂います。境内の茶席で月見団子を求めてはいかが。

浮世絵・古典籍に見る菓子

江戸屈指の月見の名所とされた高輪で、月見を楽しむ三人の女性。右側には三宝に供えられた月見団子が、左側にはススキを持った女性が描かれています

歌川豊国「東都名所遊観 葉月高輪」（国立国会図書館所蔵）

神無月《かんなづき》　十月

菓銘
嵯峨野、初霜、龍田川、菊重ね、琥珀、菊水巻、柿羹、黄身素麺、遠山初衣など

里や山の実り 五穀豊穣に感謝する

「実りの秋」の到来です。浄瑠璃作家・井原西鶴の言葉では「とにかく女の好むもの、芝居、浄瑠璃、芋蛸南瓜」が有名ですが、今では「芋、栗、南瓜」という言葉もよく聞かれます。

この季節になると、菓子の世界でも「栗きんとん」や五穀豊穣の感謝を捧げる「むらすずめ」などが店頭に登場し、秋の訪れを感じさせます。

（森八）

上生菓子

左より「初雁」「竜田川」「実りの秋」「栗鹿の子」「梢の錦」「玉菊」

栗きんとん

岐阜県中津川市や恵那《えな》市が発祥とされる栗きんとん。中山道をゆく旅人をもてなすために生まれ、江戸時代後期にお茶菓子として発展したと言われています

むらすずめ

豊穣《ほうじょう》の象徴でもある稲穂をモチーフにした菓子も多くあります。岡山県倉敷市の伝統銘菓むらすずめは、稲穂の色と豊穣を願う踊り手の編み笠の形から考案されました

長崎くんち

［長崎県長崎市］

国の重要無形民俗文化財に指定されている「長崎くんち」は、長崎の氏神、諏訪神社の秋の大祭です。寛永十一年（一六三四）に二人の遊女が神社の前で「小舞」を奉納したことが始まりとされ、今では毎年十月七・八・九日に荘厳な神輿と奉納踊りが長崎の街を練り歩きます。

各家では、十月三日の夕方から演《だ》し物の衣装や楽器を飾り、出演者に贈られたお祝い品を並べて披露する「庭見世」を行います。その庭見世を飾るのがお花菓子。砂糖細工の有平糖が雲平《うんぺい》という干菓子の細工技術と融合して進化した長崎独自の伝統菓子です。

写真提供：（一社）長崎県観光連盟

浮世絵・古典籍に見る菓子

江戸時代、商家では恵比寿様をお参りする風習がありました。家では親類や知人を招き、床の間には恵比寿様の掛け軸、お神酒、鯛、餅等を飾り、盛大にお祝いをしたといいます

楊洲周延「江戸風俗十二ヶ月の内 十月豪商恵比壽講祝の図」（国立国会図書館所蔵）

霜月《しもつき》 十一月

菓銘

紅葉、唐錦、秋の野、秋の香、秋錦、寒椿、寒牡丹、秋月、山の端、秋津野など

茶席でもてなす菓子が冬の訪れを告げる

西日本では、旧暦十月（亥の月）の亥の日亥の刻に、亥の子という収穫祭が行われます。この日に亥《い》の子《こ》餅を食べると病気にかからないと言われ、多産の猪にあやかり家の繁栄にも繋がると信じられていました。

また、茶道ではこの日に炉開きを行い、亥の子餅が茶菓子として使われます。『源氏物語』にも登場する歴史ある菓子です。

（森八）

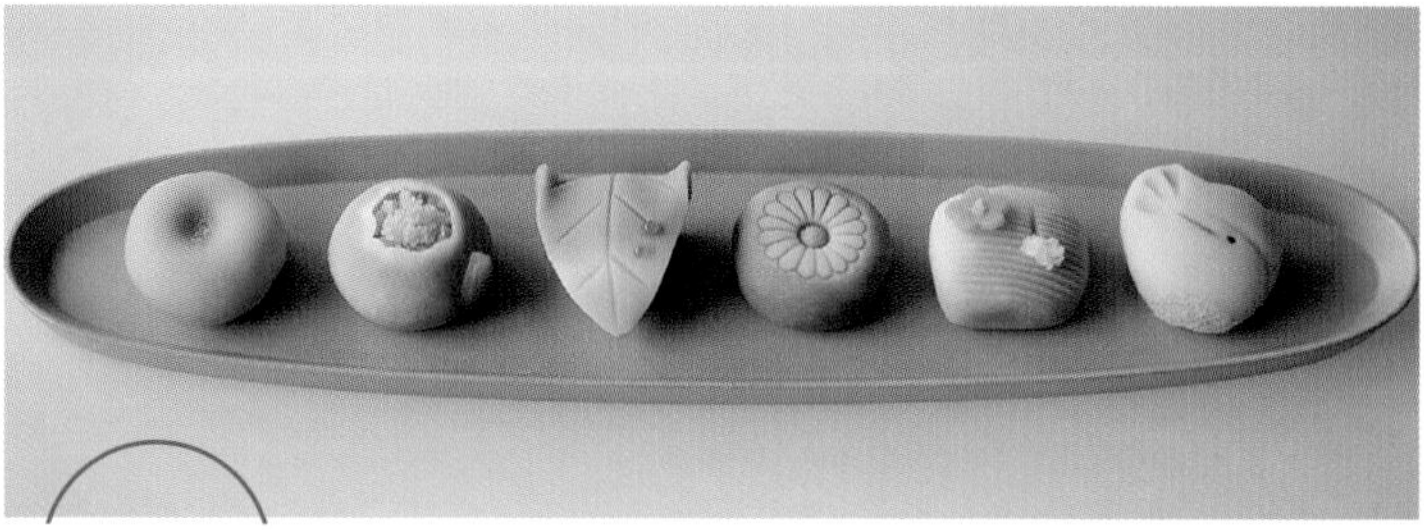

上生菓子

左より「八千代」「姫椿」「百両」「野紺菊」「晴着」「宮の鳩」

（とらや）

亥の子餅

閉じていた炉に火が入れられる炉開き。火伏の神として知られる京都・愛宕神社の使いが猪であることから亥の日に行われ、亥の子餅が用いられるようになりました

綾錦

江戸時代に広く行われるようになった紅葉狩り。和菓子の世界でもこの時期、紅葉の情景を表現する生菓子が多く並びます。「綾錦」は、綾や錦のような鮮やかな風景をきんとんで表しています

（京菓匠　鶴屋吉信）

酉の市 ［東京都台東区］

十一月の酉の日に行われる「酉の市」。来る年の開運、授福、殖産、除災、商売繁盛を祈る祭りとして賑わっています。その参拝土産として、江戸時代には「黄金餅」という粟餅が人気で、金色の小判に似ていたことから、金持ちになるという縁起物として売られていました。明治時代以降には、切山椒が登場。上新粉に砂糖、山椒の粉を加えて蒸してつき、短冊状に切った餅菓子です。山椒は日本最古の香辛料で、葉から樹皮まで全てを利用できることから縁起物とされ、甘い菓子が少ない時代、参拝の土産として人気となりました。

写真提供：台東区

浮世絵・古典籍に見る菓子

11 月と言えば七五三。子どもの健やかな成長を願い、日本各地の境内が千歳飴を手にした家族連れで賑わいます。江戸時代から変わらない風景です

歌川豊国「七五三祝ひの図」（国立国会図書館所蔵）

師走《しわす》 十二月

菓銘

山茶花、雪の梅、冬籠り、木枯し、草梅、柚餅子、冬枯、吹雪、水仙花、道明寺羹など

年神様へ捧げる餅
今に伝わる年末の風景

十二月八日(江戸)、十三日(上方)を「正月事始め」と呼び、この日から各家庭では、新年を迎える準備を始めます。

古くから米は霊的な力をもつと考えられてきたため(稲霊《いなだま》信仰)、餅は年神様への重要な供え物であり、餅つきは正月前の神聖な行事でした。今もなお伝わる、年の瀬の風物詩です。

(森八)

左より「寒椿」「柴の雪」「雪中花」「ゆきうさぎ」「銀華」「聖なる夜」

上生菓子

柚餅子《ゆべし》

源平時代に生まれたと言われ、保存食や携帯食に発展しました。ゆずもしくはクルミが使用され、日陰で１カ月から半年乾燥させて作られています。日本各地に様々な形状の柚餅子があります

薯蕷饅頭《じょうよまんじゅう》

高価な砂糖や小豆を使った饅頭は位の高い人しか食べられなかった為、「上用饅頭」とも言われました。一年中出回りますが、年末の贈り物としてめでたいデザインのものが販売されます

団《だん》碁《き》祭

［千葉県香取市］

香取神宮で十一月三〇日に行われる大饗祭から続く三つの祭典、「暮三祭」最後の祭典が団碁祭です。境内にかがり火が焚かれ、新穀の米粉で作った団子が神職から神職へと手渡しで運ばれ、多数の団子が神前に供えられます。大変多くの数の団子が供えられるため、「八石八斗団子祭」とも呼ばれます。

香取神宮の祭典で唯一お神酒を神前に供えないため、姫神様を慰労するお祭りといわれています。祭典終了後には、供えられた団子が参拝者に配られ、この団子を食べると、一年間病気をしないと言われています。

浮世絵に見る菓子

正月事始めの日には、松迎え、煤払いが行われ、鏡餅や手土産用に餅をつきました。左側の女性はつきたての餅をまるめ、鏡餅を作っているのでしょう。部屋の奥には四角く伸ばしたのし餅。正月を迎える賑やかな風景です

歌川国貞「十二月之内 師走餅つき」（国立国会図書館所蔵）

レポート

出来たての金鍔を味わう

胡麻油の香ばしい香りと、職人の美しい手さばき。
手に感じる温もりも出来たての醍醐味

江戸っ子が愛した 榮太樓總本舗の金鍔

「榮太樓總本舗」の金鍔は、江戸時代の後期に日本橋の袂で、屋台で焼いたのが始まりです。当時、魚河岸があった日本橋には多くの人々が行き交い「榮太樓の金鍔は大きくて味が良い」と大人気だったそうです。日本橋本店では、そんな焼き立ての金鍔を再現。店内には屋台をイメージして作られた焼き場があり、そこでは毎日金鍔が焼かれ、喫茶スペースで味わうことが出来ます。

喫茶スペースで焼き立ての温かい金鍔が味わえます。ガラスケースに並ぶ上生菓子や団子など他の生菓子も

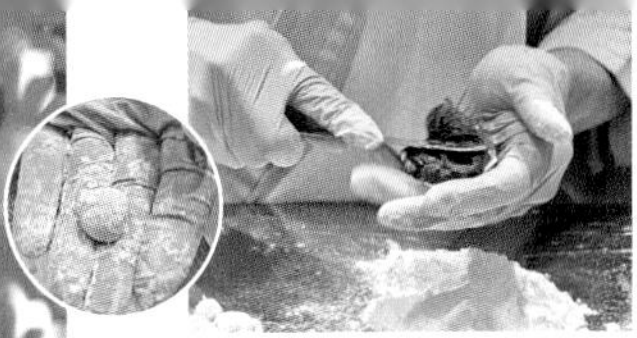

薄い皮が破れる事なく、練り上げられた潰しあんを丸く包んでいきます

胡麻油を引き、胡麻を乗せた面を下に置きます

最後に側面を焼いて金鍔の形に整えていきます

職人技を見ると、美味しさもひとしお

この日焼き場に立つのは、この道四四年、一級菓子技能士・「選 和菓子職」優秀和菓子職認定の青木誠治さん。箔のように薄い金鍔の皮の種は強力粉を採用。こねて強いコシを持たせます。ほんの二・五gの種を左手に乗せると滑らかなへらさばきで瞬く間にあんを包み込みます。「あんをいじめないように包む」と話す青木さん。なるべくそのままの状態であんを包むことでおいしく仕上げるのだそう。あんを包み込んだら胡麻油を引いた銅板へ優しく置いていきます。焼き加減を確認し、反対側は平らにするため打ち付けるように置きます。側面を転がすように焼いたら完成です。「実演販売では日本全国を回り勉強させていただきました。原材料は工場で作るものと同じですが、美味しさはもちろん、ご覧いただいているお客様にお喜びいただけるように、上手に手早く美しく見せることを意識しています」

榮太樓總本鋪

東京都中央区日本橋 1-2-5
TEL 03-3271-7785

和菓子の違い

同じようで同じでない、和菓子の疑問をここですっきり。
地域によっても違いがあるようです。

おはぎ

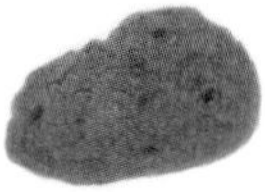

ぼた餅

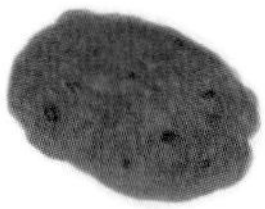

基本的には同じもので、春のお彼岸では「ぼた餅」、秋のお彼岸では「おはぎ」のように季節によって呼び名が変わります。春に咲く牡丹、秋に咲く萩にちなんだと言われています

練り切り

こなし

細かい細工をしやすいように、こしあんに求肥を加えて練ったものが練り切りで、こしあんに小麦粉を加えて練ってから蒸したものがこなし

桜餅

道明寺

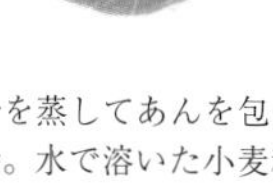

道明寺粉を蒸してあんを包んだのが大阪発祥の道明寺。水で溶いた小麦粉を薄く焼いてあんを包んだのが東京発祥の桜餅と言われます。どちらも塩漬けした桜の葉で包みます

おしるこ

ぜんざい

おしるこは関東も関西もこしあんの汁を指し、関西では粒あんの汁をぜんざいと言います。関東では汁気の少ないあんを餅や白玉に添えたものをぜんざいと言います

第3章

日本人の暮らしと和菓子

人の一生に寄り添い、神仏とも関わりの深い和菓子。
今も昔も日本人のそばには和菓子があります

人生に寄り添う和菓子

人の一生を通して、和菓子との関わりを見ていきましょう

人の一生に寄り添い、季節の移ろいに合わせて味わう和菓子。人生の節目ごとに数多くの大切な行事があり、和菓子はそれらの行事との強い結びつきを持っています。

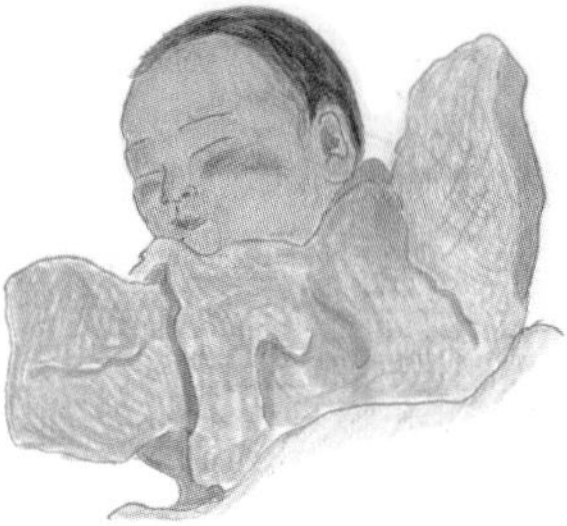

――生後三日目の祝い

昔は子どもが生後間もなく亡くなる不幸が多かったため、折に触れてすこやかな成長を願う儀式が行われ、その風習が今に受け継がれています。

生後三日目はその子が丈夫に育つことを確信する喜びの日とされてきました。関東地方ではこの日、「三つ目のおはぎ」（「三つ目のぼた餅」ともいう）という大きなおはぎを作り、親しい人々に配ってお祝いをする風習があります。小豆や餅

生後七日目の祝い

生後七日間は産神《うぶがみ》が子どもを守りますが、七日目の夜には帰ってしまうといわれています。そのためこの夜を「お七夜」といい、子どもの成長を確かめる大切な行事が受け継がれてきました。

　生まれた子の名前を半紙などに書いて神前・仏前に祀《まつ》り、仲人や親戚・友人を招いて命名の披露をします。卵型をした鳥の子餅（もち米で作ったもの）や鶴の子餅（上新粉に砂糖を混ぜた「すあま」で作ったもの）、赤飯が配られます。

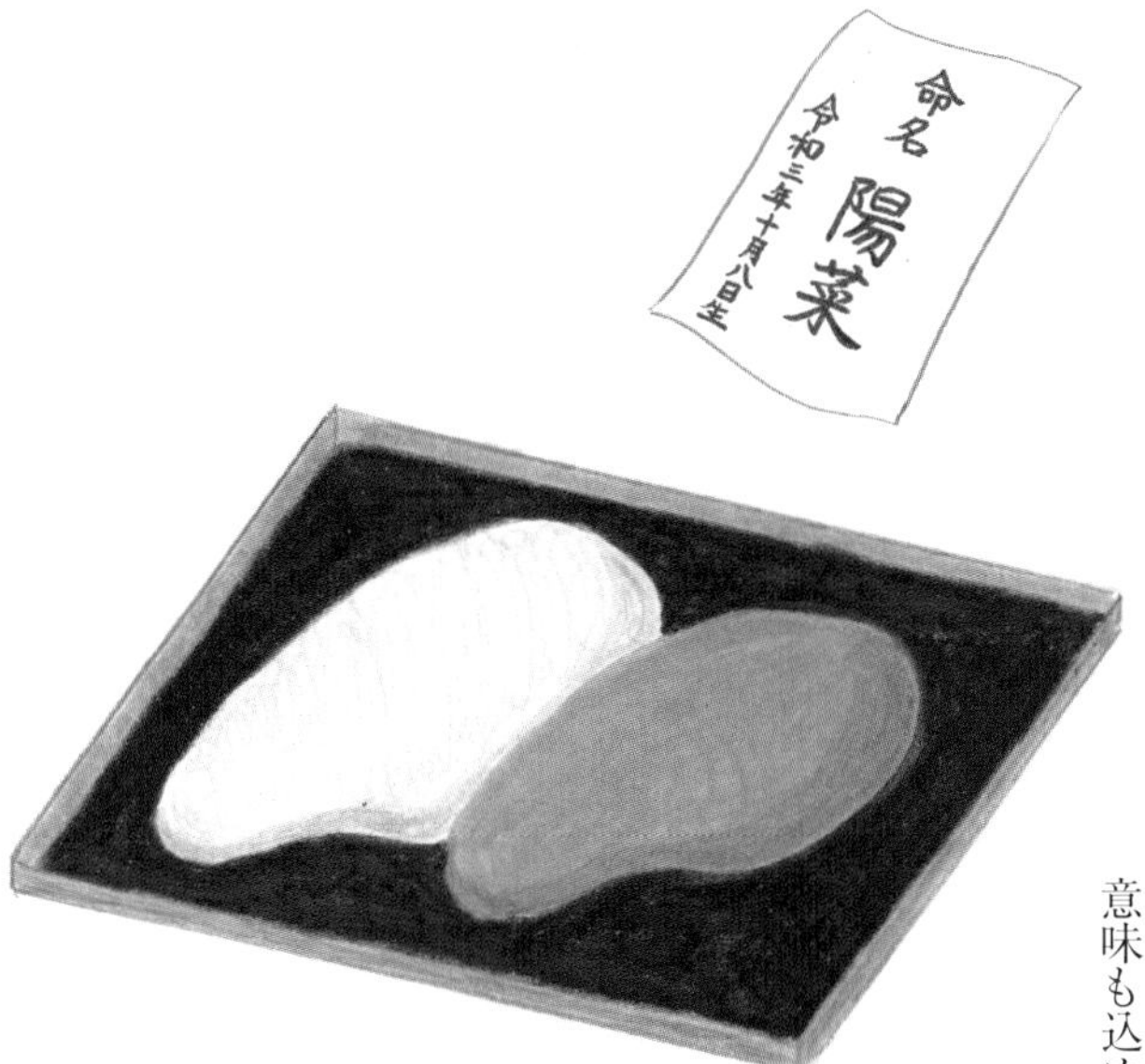

は滋養に富むため、産後の母の体をいたわり、母乳の出をよくするために食べさせたことにはじまるといいます。また、小豆には厄除けの力があると考えられたため、無病息災を願う意味も込められています。

初宮参り

生まれた子を連れて初めて氏神様の神社にお参りすることを「初宮参り」といい、子の成育と加護を祈ります。

初宮参りの内祝いとして、親戚などへいただいた出産祝いのお返しをします。返礼には紅白饅頭《まんじゅう》、紅白餅、鶴の子餅、御目出糖《おめでとう》などがよく使われます。御目出糖は小豆・餅粉・米粉を使用した蒸し菓子「高麗餅《これもち》」が原型で、和菓子店「萬年堂」のものがよく知られています。小豆あんに餅粉等、米粉類を混ぜそぼろ状にして大納言小豆の蜜漬けを散らし蒸したもので、もちもちとした食感をしています。

初節句

子どもが生まれて初めて迎える節句を「初節句」といいます。女の子は三月三日の「上巳《じょうし》の節句（桃の節句）」、男の子は五月五日の「端午《たんご》の節句」を祝います。

桃の節句では菱餅《ひしもち》、桜餅、雛あられなどが食べられます。

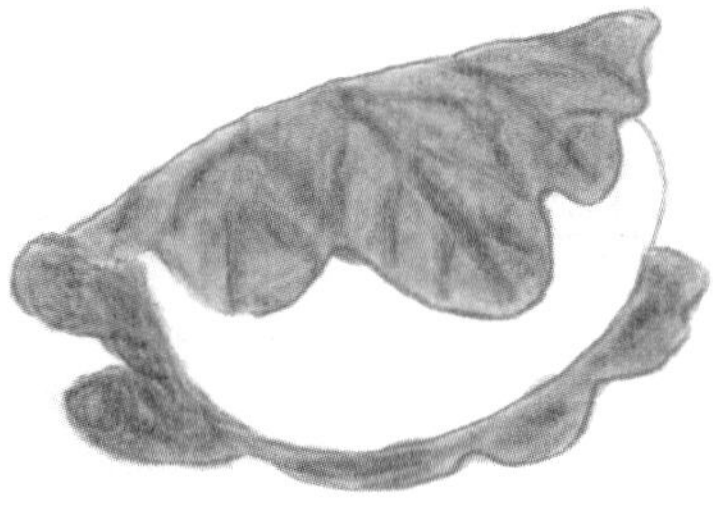

菱餅は菱の実を食べて長生きしたという仙人に由来する、長寿を祈るお菓子です。

端午の節句では柏餅やちまきが食べられます。柏の葉は新芽が育つまで古い葉が落ちないことから、子孫繁栄を願って柏餅が作られるようになりました。

初誕生日

生後一年が経つと、一人歩きができるようになったり、言葉を覚え始めたりします。満一歳の誕生日にはここまで無事に育ったことを祝います。一升(約二キロ)の餅をつき、それに〝寿〟または〝祝〟と朱書きした「誕生餅(一生餅)」を風呂敷に包み、一生元気で食べ物に困ることがないように願って、子どもに背負わせる風習があります。

お食い初《ぞ》め

生後百日、百十日、百二十日に行われることが多い儀式です。和菓子は紅白饅頭《まんじゅう》などが用いられます。お食い初めでは誕生後初めて、本膳料理を用意し、食べさせる真似をして、子どもが一生食べることに困らないように祈ります。本膳料理とは日本料理の正式な膳立てで、お食い初めの祝い膳では赤飯や丈夫な歯が生えるようにとの願いを込めた歯固めの小石などが用いられます。

七五三

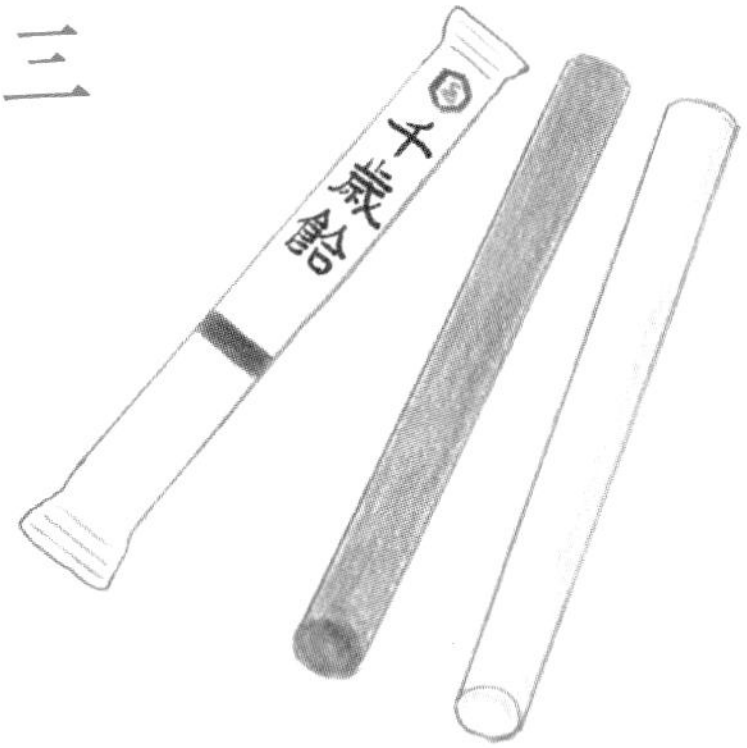

女の子は三歳と七歳、男の子は五歳になる年の十一月に、生まれた土地の産土《うぶすな》神社にお参りして、健やかな成長を願います。千歳飴《ちとせあめ》は化粧袋に入った紅白の長い飴で、長く伸びた姿から長寿を連想させる縁起物とされています。

大麦のもやしで作った甘い水を神前に供えたものが起源という説や、江戸時代に浅草寺で売られていた紅白に染めた棒状の「千年飴」が始まりともいわれています。

入園入学、卒業祝い

保育園や幼稚園は、子どもが社会生活を送り始める第一歩。そして小学校から大学まで成長に合わせて学びの環境が変わり、その度にお祝い事をする機会が訪れます。これまで無事に過ごしてきたことに感謝し、今後のさらなる成長と幸福をお祈りしましょう。内祝には、紅白饅頭《まんじゅう》、赤飯、鶴の子餅などが用いられます。

十三参り

七五三は関東を中心とした行事であるのに対して、関西では、数え年で十三歳になる旧暦の三月十三日に「十三参り」を行います。知恵の神様である虚空蔵菩薩《こくぞうぼさつ》にお参りして福徳、知恵を授かる行事です。

お参りの帰り道、後ろを振り向くと授かった知恵を落としたり戻したりするといわれています。これは、決められた約束は守るという教えでもあります。

虚空蔵菩薩に供える十三種

類の菓子を「十三智菓」といい、虚空蔵菩薩にお供えしたのち、家に持ち帰って食べるのがならわしです。

成人の祝い

二〇歳になると法律的に大人の仲間入りとなり、社会的義務や責任を持つことになります。そのけじめとなるのが成人式。一九四八年、国民の祝日として「成人の日」が一月十五日に定められ、二〇〇〇年には一月の第二月曜日に変更されました。

お世話になった方々には感謝の気持ちを添え、紅白饅頭や引き菓子（装飾菓子）などを配って新たな門出を報告します。

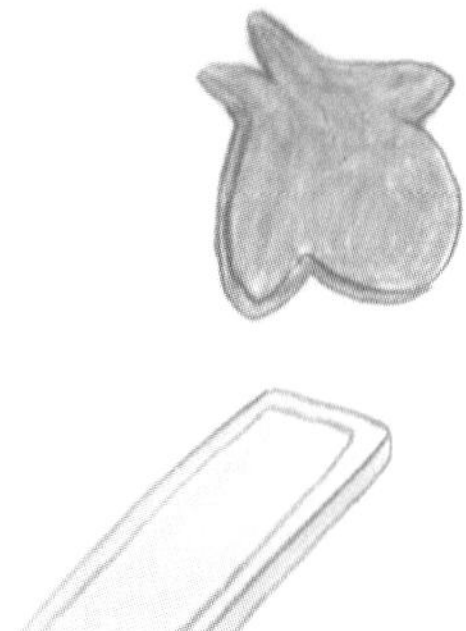

結納・結婚祝い

一生のうちの節目の行事の中で、最も晴れやかな慶事です。結納は結婚を申し込む儀式で、結納品と共に慶事にふさわしい上生菓子などを持参することがよいとされています。

結婚式に招いた方々には、松竹梅など縁起物をかたどった干菓子や引き菓子、紅白饅頭《まんじゅう》などを用意します。「蓬莱山《ほうらいさん》」は中国で不老不死の仙人が住む神の山からとった菓銘で、大きな饅頭の中に色とりどりの小さな饅頭が入っているため「子持ち饅頭」とも呼ばれており、子孫繁栄を願う慶事菓子として引き出物などに用いられます。

結婚記念日

仲睦まじい夫婦の健在のあかしを祝います。一年目の紙婚式、七年目の銅婚式、二五年目の銀婚式、五〇年目の金婚式、六〇年目のダイヤモンド婚式などがあります。

お祝いには、仲人をはじめ親族、友人の方々への挨拶として、夫婦が過ごした年月にふさわしい内祝の和菓子が配られます。

創業などの記念日の祝い

開店、創業やその周年記念を祝い、お世話になった方々に感謝する日です。引出物には紅白饅頭などが多く用いられますが、会社のマークなどをかたどったり刻印したりするなどした和菓子を配ることも喜ばれます。近くの和菓子店に相談してみましょう。

新築祝い

家を新築することは一生のうちに何度もあることでなく、人生の一大事。土地を清める意味を持つ地鎮祭では、親族や工事関係者に赤飯、紅白饅頭などを配ります。家の柱立てが終わり、棟木《むなぎ》を上げる際に工事の安全と建物の堅固長久を祈る上棟《じょうとう》式（棟上《むねあ》げ）では、工事関係者にご祝儀を配ったり、出席者には紅白の餅を配ったりし、近隣の方々には菓子折を携えて挨拶に回ります。屋根の上から菓子や餅を撒《ま》いてお祝いする地方もあります。

病気見舞いと快気祝い

先方の病状にもよりますが、お見舞いにはカステラ、浮島、やわらかい小麦煎餅類、飴類などが一般的です。病気が治ったら、快気祝い（床上げ祝い）としてお見舞いをいただいた方々に鶴の子餅、赤飯、紅白饅《まん》頭《じゅう》などで返礼します。

還暦・年祝い

六〇の干支（甲乙丙などの十干と、子丑寅などの十二支の組み合わせ）が一回りして元に還るという意味が「還暦《かんれき》」です。以降、七〇歳を迎えて祝う古希《こき》、七七歳の喜寿《きじゅ》、八〇歳の傘寿《さんじゅ》、八八歳の米寿《べいじゅ》、九〇歳の卒寿《そつじゅ》、九九歳の白寿《はくじゅ》など、無事に年を重ねてきた喜びを祝うのが「年祝い」です。

家族や親しい方々を招いて祝い膳を用意し、引出物には、赤飯、鶴の子餅、引き菓子などが贈られるほか、それぞれの年祝いに合わせて特別の意匠をほどこした創作和菓子も喜ばれます。

通夜見舞い・葬礼

通夜や葬儀に参列してくれた人に配るのが葬式饅頭です。関東では白と緑（青）、関西では白と黄色が一般的とされています。

通夜が営まれるときには、盛り菓子、茶菓子を用意します。葬礼の日には「盛り出し」といって、会葬者に春日饅頭、しのぶ饅頭、薯蕷《じょうよ》饅頭などを配ります。

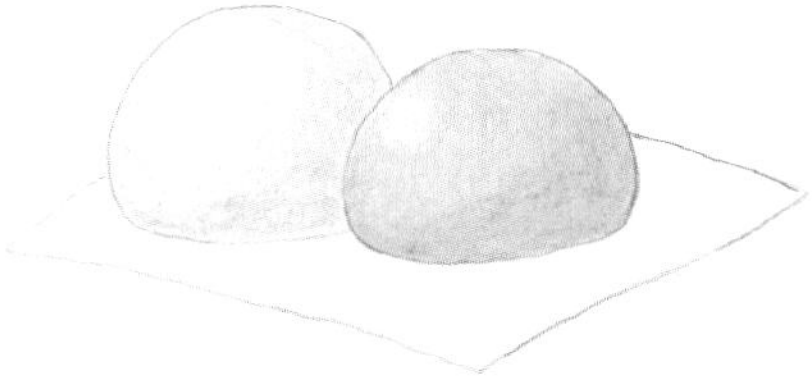

法要

初七日と四十九日の供養では、親族や親しい人々が集まり、故人を偲びます。集まった人々へのお土産には、しのぶ饅頭、薯蕷饅頭、式菓子などが用いられます。その後は百カ日、一周忌、三回忌、七回忌…と続きますが、五〇回忌からは菓子に赤いものを用いても差し支えありません。

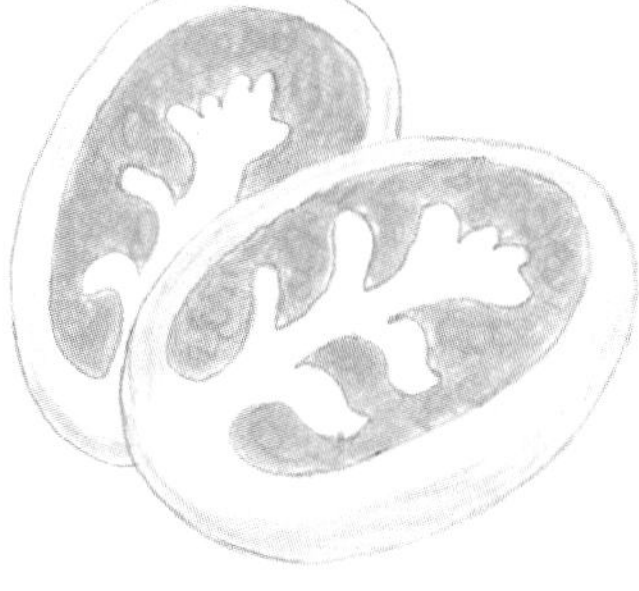

和菓子と味わう飲み物

和菓子には日本茶が定番ですが、
紅茶・珈琲なども楽しまれています

日本茶

鎌倉時代のはじめ、臨済宗の栄西が、中国より茶の種を日本に持ち帰り栽培を始めたのが日本における茶のはじまりと言われています。茶と共に喫茶文化が全国へと広がっていきました。和菓子と相性の良い日本茶。様々な日本茶と和菓子を試してみるのも楽しいですよ。ここでは和菓子に欠かせない日本茶を紹介します。

玉露

甘みを強く、渋みを少なくするために、新芽を覆い日照を制限して生育した葉で、最優良の煎茶です。

煎茶

摘んだ葉を蒸して揉みながら乾燥させて作る、日本人が最も一般的に飲んでいるお茶です。

抹茶

碾茶《てんちゃ》（抹茶の原料）を臼で挽《ひ》いた粉末状のお茶。湯を加えて茶《ちゃ》筅《せん》を振ってからいただきます。主に茶の湯に用いられます。

ほうじ茶

番茶などを強火で炙って独特の香りを付けたもの。茎茶のみで作られたものは茎ほうじ茶と言われます。

玄米茶

番茶や煎茶に焙じた玄米を混ぜたお茶。抹茶を混ぜたものなどもあります。

番茶

大きく育ち煎茶として用いられなくなった古葉や堅くなった新芽が原料で、日常用のお茶として飲まれています。

釜炒り茶

茶葉を蒸さず、生葉を釜の加熱で炒り、やや黄色味がかった水色《すいしょく》が特徴。中国伝来の製法です。

碁石茶《ごいしちゃ》®

四角形に干し固めた発酵茶。高知県長岡郡大豊町で生産されています。

コーヒー

コーヒーはアカネ科の常緑樹で、その種子（コーヒー豆）を炒って粉にしたものです。エチオピアのコーヒーノキが中南米へ渡り、今では世界中で飲まれています。日本へ入ってきたのは、元禄時代（一六八八〜一七〇四）。オランダ人によって長崎の出島に持ち込まれたと言われていますが、当時日本人にはあまり好まれなかったようです。一般の人々に広まったのは明治の終わりから大正時代と言われています。どら焼きやカステラなどといただきたいですね。

コーヒー
紅茶
グアテマラ
（グアテマラ）
フレッシュな酸味と華やかな甘い香りが特徴
ブルーマウンテン
（ジャマイカ）
良質の香りを持ち、最高級品とされる
Equator
コナ
（アメリカ〔ハワイ島〕）
強い酸味と甘い香り。キリマンジャロ、ブルーマウンテンに並び、「世界三大コーヒー」と称されることも
コロンビア
（コロンビア）
香りが高く、まろやかな風味
ブラジル
（ブラジル）
高い香りと酸味が特徴で、ブレンドのベースとしても利用される

紅茶

茶の若葉を摘み取り、葉を風通しの良いところなどで萎《しお》れさせてからよく揉み、発酵、乾燥させて作るのが紅茶。紅茶も日本茶もツバキ科のチャノキから茶葉を摘採しますが、発酵の有無でどちらになるかが決定します(※)。十七世紀に中国茶が西洋に伝わり広がっていきました。主な産地はインド・スリランカで日本へは明治以降に伝わりました。コーヒー同様どら焼きやカステラもいいですが、お団子などの餅菓子と合わせるのもおすすめです。

※日本茶の一種である「碁石茶」は、その他多くの日本茶と異なり発酵させて作られます

アールグレイ
(フレーバーティ)
ベルガモットオイルで風味付けした独特の香りの紅茶
ダージリン
(インド北東・ヒマラヤ山脈南麓)
香り高く、高級品とされます
アッサム
(インド北東端部・ヒマラヤ山脈南東)
渋みのある濃厚な味わい
和紅茶
(日本)
渋みが少なくまろやかな口当たり
セイロン
(スリランカ)
ディンブラ
渋みとコクで軽快な後味
ウバ
高い香りと芳醇な味わい
ヌワラエリア
爽やかな味と香りが特徴で高級品とされます
キリマンジャロ
(タンザニア)
強い酸味とコクが特徴で甘い香り
モカ
(イエメン・エチオピア)
フルーティで爽やかな酸味が特徴
マンデリン
(インドネシア)
酸味が控え目で深くやわらかな苦みが特徴

神仏と和菓子

寺社との結びつきにより発展を遂げた、日本全国の和菓子を紹介します

人が集まる門前で販売され流行した菓子

和菓子の発展に大きな影響を与えたのが、寺社の門前で売られるようになった菓子の存在です。

江戸時代に入ると、交通網が整備され、参勤交代をする諸大名や伊勢参りをする人々など、身分を超えて多くの人々が行き来するようになりました。人気の寺社は信仰という面だけでなく、観光地としても賑わいを見せるようになります。そうすると、そこを訪れる人々に向け、自然と餅や団子を売る店が出てきます。門前町には茶屋が並び、多くの人々がそこで憩いの時間を過ごすようになりました。

ここからは、今なお日本中に残る寺社と菓子の繋がりを見ていきましょう。寺社の歴史や信仰と深く結びついた、その土地ならではの菓子を発見することができるでしょう。

上／広重、豊国「江戸自慢三十六興　向嶋堤ノ花并ニさくら餅」　下／広重、豊国「江戸自慢三十六興　目黒不動餅花」（共に国立国会図書館所蔵）

浅草待乳山聖天宮門前で販売され流行した米饅頭。北尾政演画作「米饅頭始：２巻」（国立国会図書館所蔵）

東京　長命寺×桜餅

桜の葉を活かした花見土産の定番に

八代将軍・徳川吉宗が享保の改革の一環として隅田川堤に桜を植えると、この地を花見客が多く訪れるようになりました。享保二年（一七一七）、長命寺の門番であった山本新六が、土手に多くの桜の木が植えてあるため、「この葉を何かに使えないか」と考え、塩漬けにした桜の葉で餅を包む桜餅が生まれたと言われています。以来三〇〇年を超えて、変わらぬ素材と製法で、隅田川の花見土産の定番となっています。

長命寺桜もち

江戸の名所として多くの浮世絵にも描かれた「長命寺桜もち」。創業以来、無添加にこだわり、桜餅だけを作り続けています

東京都墨田区向島5-1-14

長命寺

三代将軍家光が鷹狩に来た際に腹痛を起こし、般若水（井戸水）で薬を飲んだところ治まったことから、「長命寺」と改号されました

東京都墨田区向島5-4-4

新潟

彌彦《やひこ》神社 × 玉兎

神社への感謝を込めた愛らしい兎の姿

かつて霊峰弥彦《やひこ》山に沢山の兎が住み、毎日のように里に下りて田畑を荒らしていました。困り果てた農民は彌彦神社の祭神・伊夜日子《いやひこ》大神に懇願し、兎たちに田畑を荒らさないよう諭してもらいました。すると兎たちは以後、里に下りていたずらをしないと約束しました。それに感謝し、諭しを聞いて畏《かしこ》まり、丸くなる兎の姿を模した「良幸《うさち》餅」を農民が献上したところ、伊夜日子大神は大変喜ばれたという伝承が残っています。

糸屋

新潟県産のもち米粉を使用した粉菓子である玉兎を販売。あんの入ったものや和三盆を使用したもの、チョコレートの玉兎も人気です

新潟県西蒲原郡弥彦村弥彦 1281

×

彌彦神社

2400 年以上の歴史を誇り、朝廷や武将・幕府からも手厚い庇護を受けました。「おやひこさま」と慕われる越後開拓の祖神です

新潟県西蒲原郡弥彦村弥彦 2887-2

三重
伊勢神宮 × 赤福餅

五十鈴《いすず》川を表した名物赤福

江戸時代には庶民の間で「おかげ参り」が大流行。五〇〇〇万人が訪れた年もあったとか。今なお日本中から多くの人々が訪れる伊勢神宮。内宮《ないくう》・外宮《げくう》を中心とする一二五の宮社から成り立つ神宮は「お伊勢さん」と呼ばれ親しまれてきました。

　伊勢神宮を訪れる人々を魅了したのが餅にこしあんをのせた赤福餅。形は神宮神域を流れる五十鈴川を表現し、白い餅は川底の小石、あんの三筋は川の流れを表しています。

赤福本店

宝永4年(1707)創業。以来、変わらずお伊勢参りの人々を迎えています。本店は明治10年(1877)より変わらぬ姿を残しています

三重県伊勢市宇治中之切町26

×

伊勢神宮

皇祖神・天照大御神を祀る皇大神宮(内宮)と産業の守り神である豊受大神宮(外宮)を含む125の宮社から成る神宮

写真提供：神宮司庁

三重県伊勢市宇治館町1

愛知

津島神社×あかだ・くつわ

今なお受け継がれる素朴な味わい

津島神社の神饌菓子として受け継がれてきた、「あかだ」と「くつわ」。あかだは、平安時代に弘法大師が悪病退散祈願として団子を揚げて供えたことに由来し、唐菓子《からくだもの》の流れをくむ、和菓子のルーツと言われています。仏教で薬を意味する「阿伽陀」に由来します。くつわは、天保十一年（一八四〇）に、津島神社の神事である茅《ち》の輪《わ》くぐりの輪を形どったもので、神馬《しんめ》のくつわに似ていることからその名がついたとされます。

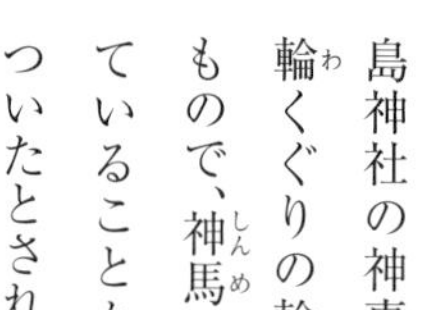

あかだ屋清七

あかだ・くつわを昔ながらの製法で作り続けています。くつわは昭和54年に津島市の文化財・祖先の遺産に指定されました

愛知県津島市祢宜町1

×

津島神社

西暦540年に鎮座したと伝わる津島神社。厄除けの守護神として信仰を集め、全国に約3,000社ある天王社の総本社です

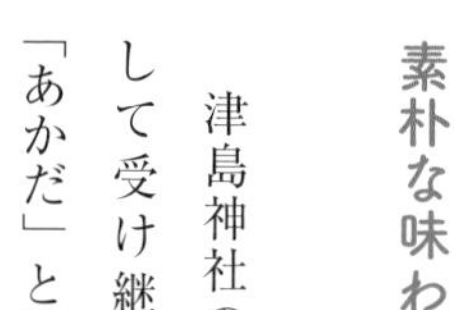

愛知県津島市神明町1

愛知

熱田神宮×きよめ餅・藤《とう》団子

愛らしい姿の菓子が神宮の歴史を伝える

三種の神器の一つ、「草《くさ》薙神剣《なぎのみつるぎ》」を御神体とする「熱田神宮」。熱田名物として知られる藤団子は、平安時代に大宮司となった藤原氏に因み米粉でつくり、神官の家から売り出したのが始まりと言われています。

また、天明五年（一七八五）頃に「きよめ茶屋」が設けられ、人々がお茶を飲み、疲れを休め、姿を正して参拝するようになりました。その茶屋にちなみ「きよめ餅」を販売したところ、全国に知られるようになりました。

きよめ総本家

つるんとした羽二重《はぶたえ》餅《もち》で濃厚なこしあんを包んだきよめ餅は名古屋名物に。藤団子は毎月15日のみ販売しています

愛知県名古屋市熱田区神宮 3-7-21

熱田神宮

日本武尊《やまとたけるのみこと》の妃である宮簀媛命《みやすひめのみこと》が、日本武尊の薨去《こうきょ》後「草薙神剣」をこの地に祀ったのが熱田神宮の始まりと言われています

愛知県名古屋市熱田区神宮 1-1-1

静岡

法多山《はったさん》 尊永寺 × 厄除だんご

将軍家に献上され、命名された「くし団子」

本尊の正観世音菩薩《しょうかんぜおんぼさつ》は厄除開運のご利益があり、古来より「厄除観音」と呼ばれてきました。江戸時代、毎年正月に幕府の武運長久、天下泰平、五穀豊穣の祈祷《きとう》を奉修し、祈祷護符と名産品を献上する習わしがありました。十三代将軍家定の頃、門前に住む寺士・八左エ門の発案で、観世音名物団子が登城土産に添えられた際、将軍家により「くし団子」と命名。のち、厄除観音に因み「厄除だんご」と親しまれるようになりました。

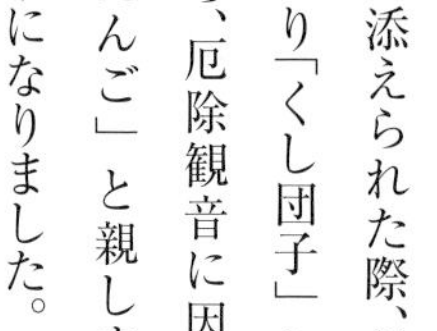

法多山名物
だんご企業組合

参拝後は、歩き疲れた体を癒してくれるだんご茶屋へ。さくらだんごや栗だんごなど季節限定の団子も人気です

静岡県袋井市豊沢2777

×

法多山 尊永寺

725年創建。高野山真言宗の別格本山。国指定重要文化財に指定されている仁王門や金銅五種鈴など四つの文化財があります

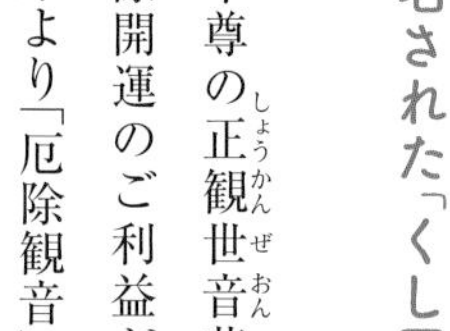

静岡県袋井市豊沢2777

滋賀 多賀大社×糸切餅

神風の逸話を伝承する赤青の線を描いた餅

「お多賀さん」の名で親しまれる滋賀県第一の大社「多賀大社」。古くから莚《えん》命《めい》長寿、縁結び、厄除の神様として信仰を集めてきました。

多賀大社にゆかりのある菓子が「糸切餅」です。鎌倉時代、蒙古軍の襲撃の際に吹いた「神風」は有名ですが、その戦勝記念として、里人が蒙古軍の旗印の赤青三筋の線を描き、それを刃物を使わずに三味線の糸で切って御神前に供えたのが始まりとも言われています。

莚寿堂本舗《えんじゅどうほんぽ》

明治12年(1879)創業。以来お多賀参りの人々の疲れを癒してきました。少し塩気の効いたあんと餅のバランスが良く、優しい味わい

滋賀県犬上郡多賀町多賀599

多賀大社

鎌倉時代から江戸時代にかけて信仰が広まり、全国の分社は239社に及びます。桜や紅葉も見事で滋賀の名勝にもなっています

滋賀県犬上郡多賀町多賀604

岡山

吉備津《きびつ》神社 × きびだんご

桃太郎伝説に通じる岡山を代表する銘菓

吉備津神社には童話『桃太郎』の元となった、百済《くだら》の国の王子である温羅《うら》退治の話が残っています。吉備津宮縁起によると、温羅が吉備国で暴れていたため、人々は朝廷に助けを求めました。そこで孝霊天皇の皇子・大吉備津彦《おおきびつひこ》命《みこと》が遣わされ、見事征伐。里は平和を取り戻し、この地に大吉備津彦命が祀られました。

江戸時代には、参拝土産としてきびだんごが売られるようになり、今では、岡山土産の定番となりました。

廣榮堂 中納言本店

安政3年(1856)創業。お茶菓子としても好まれるきびだんご。国産のもち米に、砂糖と水あめ、きびを加えたシンプルな素材でできています

岡山県岡山市中区中納言町 7-32

吉備津神社

吉備津彦命を主神とし、その異母弟の若日子建吉備津日子命と、その子吉備武彦命等、一族の神々を合わせ祀っています

岡山県岡山市北区吉備津 931

香川 金《こ》刀《と》比《ひ》羅《ら》宮《ぐう》 × 加《か》美《み》代《よ》飴

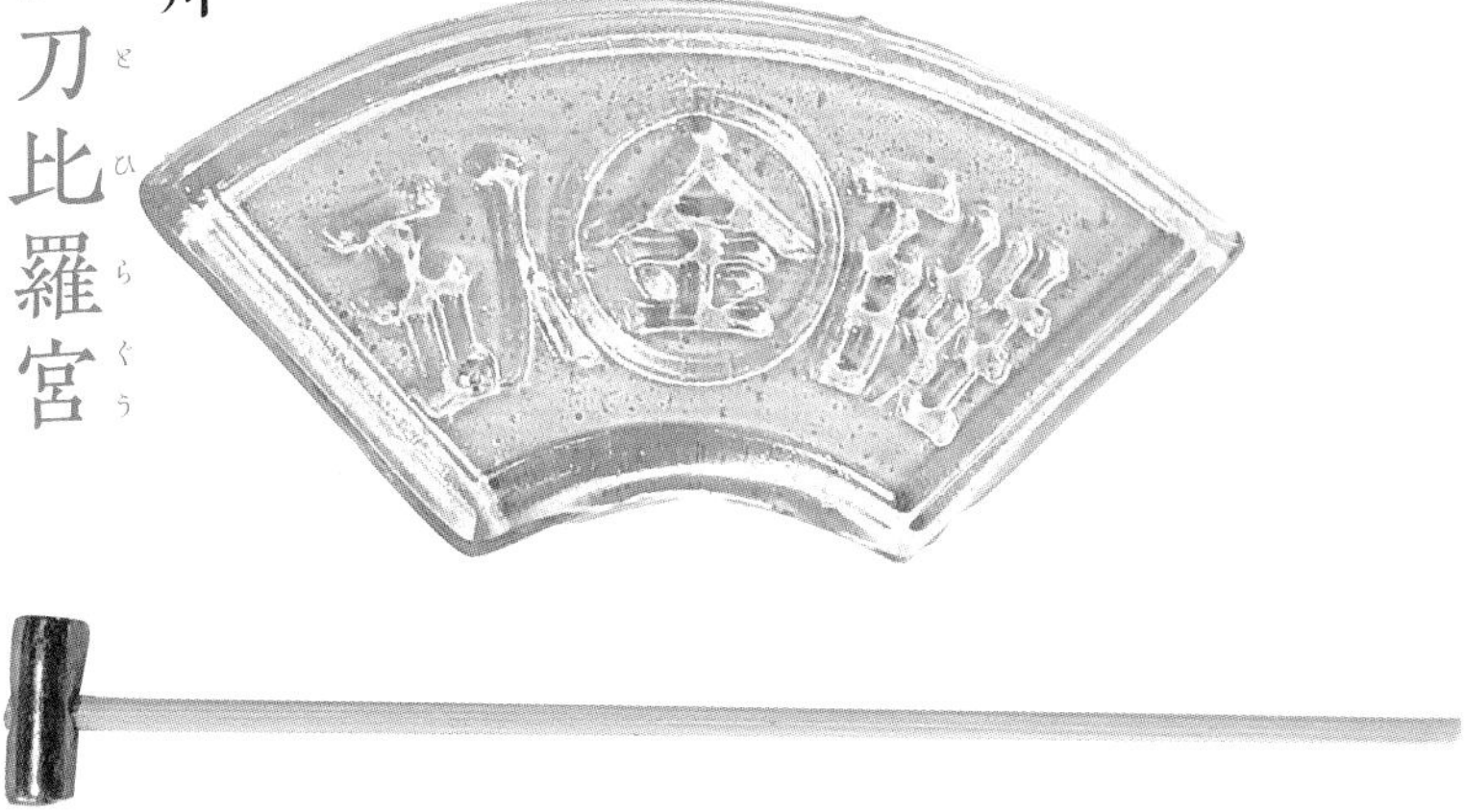

金刀比羅宮境内　傘の下に並ぶ黄色い飴

琴平山（象《ぞう》頭《ず》山《さん》）の中腹に鎮座する金刀比羅宮。「こんぴらさん」の名で親しまれ、江戸時代は伊勢参りと同じほどに人気を集めました。その境内の、五つの大きな白い傘の下で売られているのが「加美代飴」です。この五軒の飴屋は「五人百姓」と言われ、御宮の神事・祭事で重要な役割を担う五家のことでした。御祭神の供奉《ぐぶ》を行っていた功労が称えられ、特別に境内での営業が許され、今なお境内に五つの傘が開かれています。

五人百姓　池商店

原材料は、砂糖・水あめ・柚子油。ほのかに香る柚子の香りが爽やかです。袋に入った小さなハンマーで砕いて食べるのも特徴です

香川県仲多度郡琴平町 933

×

金刀比羅宮

古来から、農業・殖産・医薬・海上守護の神として信仰されています。本宮までの785段の石段や「幸せの黄色いお守り」が有名です

香川県仲多度郡琴平町 892-1

レポート

出来たての生菓子を味わう

お茶会の歴史とともに発展してきた生菓子。職人の感性や個性が表れる繊細な菓子が生まれる瞬間を見つめる

手間隙を惜しまず格調高い菓子を

享和三年（一八〇三）創業の「京菓匠 鶴屋吉信」は、「ヨキモノヲツクル為ニ材料、手間ヒマヲ惜シマヌ事」を家訓に、最高の材料と最高の風味、格調高い意匠を大切に、お客に喜ばれる菓子作りを行っています。

本店と東京店には、「菓遊茶屋」があり、職人が心を込めて生菓子を作る姿や繊細な工程を間近で見て、出来上がった生菓子を味わうことができます。

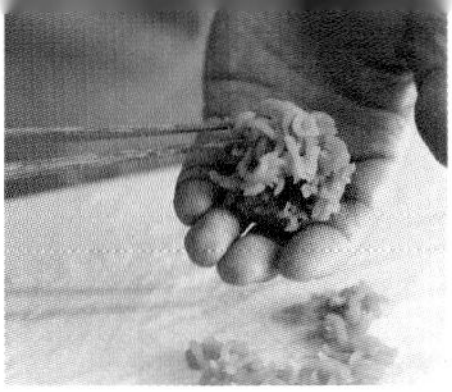

粒あんをきんとんでふんわり包んでいく、「きんとん」

夏に青い花を咲かせる露草を表現した涼やかな「つゆくさ」

粒あんをういろうで包んだ「てっせん」。初夏を彩る鉄線を表す

上／秋の味覚を代表する栗を使用した「栗きんとん」 下／御所に咲く高貴な菊を表現した「御園菊」

「菓遊茶屋」で味わえる季節の生菓子とお抹茶

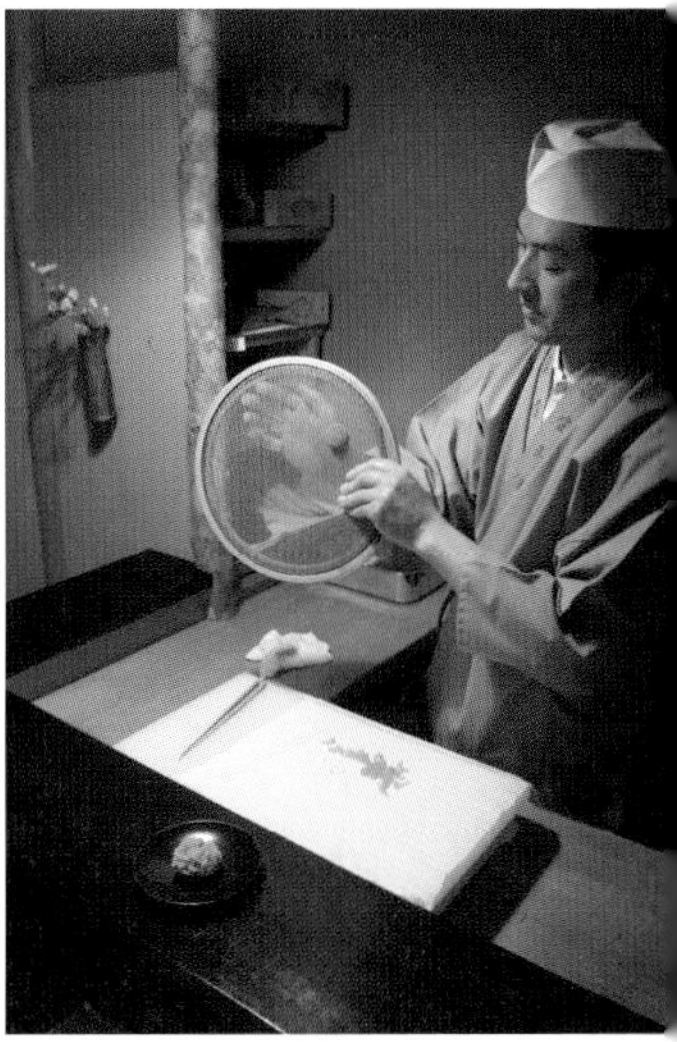

生菓子を製作する美しい工程を見ながら、職人との会話も楽しみたいですね。より深い生菓子の魅力を知ることができるでしょう

生菓子を生み出す 職人の繊細な手仕事

現在「菓遊茶屋」に立つ和菓子職人は、次のように話します。「『菓遊茶屋』は、生菓子を作る技術や魅力をお客様に感じていただく大事な空間です。また、お客様に頂いたご意見や考えを工場に伝え、工場の職人の考えをお客様に伝えるという、コミュニケーションの場としても大切な場となっています」

いつも以上に、一つ一つの工程をゆっくりと見せてくれる「菓遊茶屋」。せわしない現代において、職人の繊細な手仕事を見つめ、お茶と生菓子を味わう時間は、貴重な時間とも言えるでしょう。

季節の情景や自然の美しさを表現する生菓子。見る者の想像力を掻き立て、目で見ても、食べても美味しい菓子作りの魅力を肌で感じてみてはいかがでしょうか。

京菓匠　鶴屋吉信

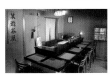

［本店２階］
京都府京都市
上京区西船橋町 340-1
TEL 075-441-0105

［TOKYO MISE］
東京都中央区日本橋室町
1-5-5 COREDO 室町 3・1F
TEL 03-3243-0551

❶ 和菓子の名称です

❷ 現在に伝わる❶の和菓子の画像です

❸ 和菓子の製法や材料はそれぞれの店で違いがありますが、一般的なものを紹介する他、発祥や歴史、エピソードなどを紹介しています

❹ 販売されている和菓子や店に伝わる歴史的資料など解説しています

❺ ❶の和菓子を販売している和菓子店の歴史を紹介しています

第4章

今に伝わる和菓子のルーツ

代表的な和菓子のルーツとともに、
その味わいを今に伝える和菓子店を紹介します

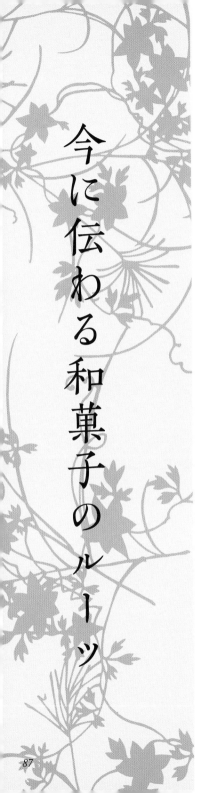

落雁【らくがん】

ルーツには諸説あり。雁を詠んだ和歌から名付けられたという風流な説も

日本三名菓の一つに数えられる森八の落雁「長生殿《ちょうせいでん》」

上品な色や形が茶席で好まれる

茶席や供物の伝統的な菓子である落雁。そのルーツには諸説あり、明時代の中国の「軟落甘《なんらくかん》」という菓子から来ているとも、近江八景の「堅田《かたた》の落雁」に因んでいるともいわれています。江戸時代、後《ご》陽成《ようぜい》天皇が黒胡麻を雁に見立てて「白山の　雪より高き　菓子の名は　四方の千里に　落つる雁かな」と詠んだことからという説もあります。

製法は、米や麦などの粉に水あめや砂糖などの甘みを加えて木型に入れ、打ち出して作ります。大豆、葛、栗の粉を使う地域もあります。

木型には様々な意匠が彫られており、四角形や花の形をしたものなどをよく目にするでしょう。慶事用には松竹梅、鯛、海老、鶴亀、仏事用には菊、蓮の花などの模様が彫られた木型が使われることが多くあります。

大正13年(1924)、宮内省の御用で納められた御紋花の落雁

金沢市大手町の森八本店。「長生殿」をはじめ上生菓子、饅頭など様々な菓子を揃えています

大正13年(1924)、宮内省御用品の製造風景(本社工場)

本店2階に併設する「金沢菓子木型美術館」。江戸時代から使われてきた菓子木型が千数百点、展示されています

森八

「森八」は寛永二年(一六二五)創業。藩命により加賀藩御用菓子司としてはじまり、約四百年続く老舗です。加賀藩は藩祖・前田利家が千利休に茶の湯を学び、三代藩主・利常も好んだため、茶道に欠かせない菓子文化も発展しました。

三代目の八左衛門は、利常の創意により紅白の落雁を作ったところ、将軍家の茶道指南役・小堀遠州が「長生殿」と命名。日本三名菓の一つに数えられています。

石川県金沢市大手町10-15

ういろう

もっちりとした食感が特徴の銘菓。
歌舞伎の演目でも知られる妙薬

「白砂糖」「抹茶」「小豆」など、現在も素朴な味わいを守っています（ういろう）

中国渡来の妙薬と菓子同じ名前の理由は？

「外郎」と書いて「ういろう」。神奈川県小田原市や愛知県名古屋市、山口県など、各地の名物で知られるういろうの起源は室町時代。中国「元」の役人であった医薬師・陳延祐《ちんえんゆう》が元の滅亡時に日本へ帰化し、中国での官職名に因んで「外郎」を名乗りました。家伝薬の「透頂香《とうちんこう》」は、幅広い薬効から高く評価され「ういろう」の愛称で多くの逸話を残しています。歌舞伎の演目『外郎売《ういろううり》』でも、「胃心肺肝が健やかになって、万病即効あること神の如し」妙薬として登場。

どうして薬のういろうが菓子の名にもなったのでしょう。それは、接待用に考案した菓子が評判となり家名がそのまま菓子の名になった為。薬の品揃えの一つとして南方より仕入れたサトウキビ（黒砂糖）と米粉を蒸した棹《さお》菓子で、薬屋ならではの菓子だといえるでしょう。

上／城郭を思わせる店舗は小田原のランドマークにもなっています
下／外郎博物館内には、650 年の歴史を伝える資料が展示されています

豊国「外郎 虎屋東吉」（国立国会図書館所蔵）。歌舞伎の『外郎売』は市川宗家のお家芸「歌舞伎十八番」の一つ

ういろう

薬のういろう「透頂香」を今に伝え、全国的に有名な菓子のういろうの発祥の家でもある小田原の老舗「ういろう」。

こちらでは、薬（透頂香）・菓子ともにその製法を室町時代より一子相伝で受け継ぎ現在で二五代を数えます。敷地内にある外郎博物館でその歴史も伝えています。菓子のういろうは、米粉を蒸したモチモチとした食感と素朴な甘みが今なお人気を集めています。

神奈川県小田原市本町 1-13-17

金平糖【こんぺいとう】

一粒を作るのにかかる時間は二週間以上。
色も形も可愛らしい、南蛮渡来の菓子

南蛮菓子の中でも一際美しい金平糖は、将軍や大名からも愛されました(緑寿庵清水)

金平糖を再現したい長崎の菓子職人の奮闘

安土桃山時代から江戸時代初期にかけて、ポルトガル人の宣教師によって日本に伝えられ、日本の菓子に大きな影響を与えたのが南蛮菓子です。中でもカステラと並ぶ、代表的な南蛮菓子といえば金平糖でしょう。

金平糖が国内で作られるようになったのは貞享年間(一六八四〜一六八八)と言われ、長崎の菓子職人たちが金平糖を自分たちでも作ろうと奮闘する様子は、井原西鶴の『日本永代蔵』にも描かれています。砂糖をかける芯にする材料は、胡麻からやがて芥子《けし》の実へ。青花(つゆくさを絞った汁)やくちなし、灰墨などを使い、青色、黄色、黒色など、様々な色をした金平糖を作ったといいます。そして、その製法は長崎から江戸へと伝わり、多くの人々に親しまれるようになっていきました。

気温や天候などで変化する蜜の濃度を五感を頼りに、釜の角度や温度を調整します

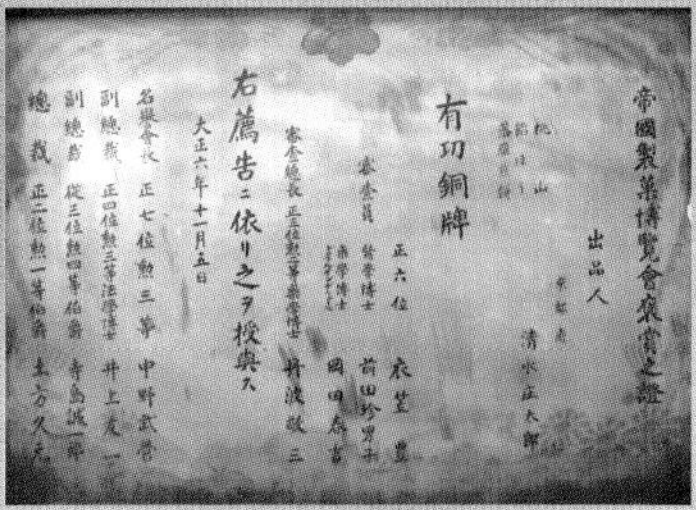

大正６年(1917) に開催された帝国製菓博覧会で「有功銅牌」を授かった際の賞状

三段重ねの木箱に入った詰め合わせは、贈り物にも喜ばれています

弘化４年(1847)、創業当時に撮影された店舗外観

緑寿庵清水

五代にわたり一子相伝で培われた職人技を駆使し京都で一軒、製造・販売する金平糖専門店が「緑寿庵清水」です。「酸や油分を加えた砂糖は結晶化しない」という常識を覆し、果物の果汁や珈琲・紅茶、ワインに至るまで、約六〇種類の味わい豊かな金平糖を生み出してきました。

核にかけた蜜が結晶化するのを待ち、また蜜をかけて…と繰り返すこと約二〇日間。レシピは存在せず、五感だけが頼りです。

京都府京都市左京区吉田泉殿町 38-2

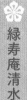

羊羹【ようかん】

茶菓子としても重用される羊羹。そのルーツは中国にありました

小豆、寒天、砂糖を主に用いる「練(煉)り羊羹」は江戸時代に生まれたと伝わります

肉を食べないからこそ生まれた和菓子

小豆や芋、栗など、使われる素材にも様々なバリエーションがある羊羹ですが、本来の中国語の意味は菓子とは程遠く、「羊の羹《あつもの》」、つまり羊を使ったスープの事を指す言葉でした。実際、室町時代に書かれた『食物服用之巻』という文献には、動物の肉を使った羹の記載が残されています。それでは、なぜ動物のスープが甘い菓子を指すようになったのでしょう。一説には、日本人には肉を食べる習慣がほとんど無かったため、小麦粉をはじめとする植物性の原料を使った蒸し羊羹を食べていたからだといわれます。やがて、江戸時代に入ると、現在のように、砂糖や寒天を使った羊羹が作られるようになり、人々はその繊細な甘みを楽しむように。日本人の食習慣が和菓子の代表格「羊羹」を誕生させたといえるでしょう。

白いんげんと小豆を用い、立山に林立する立山杉の木目模様を表現した「杢目羊羹」。“年輪を刻む”縁起のよさが愛されています

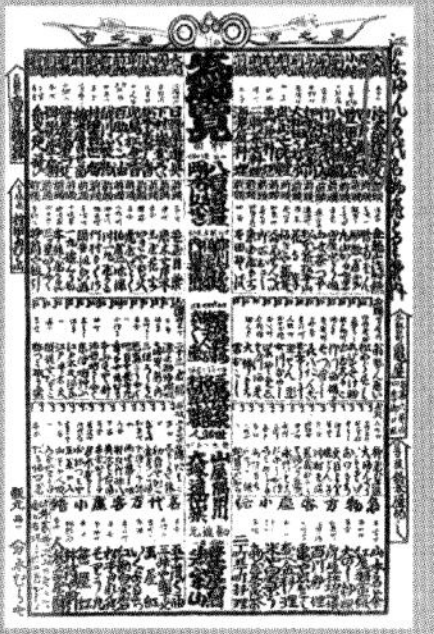

江戸の名物・名店の番付「江戸じまん名代名物ひとり案内」では、最高位「大関」に鈴木越後の羊羹が記されています

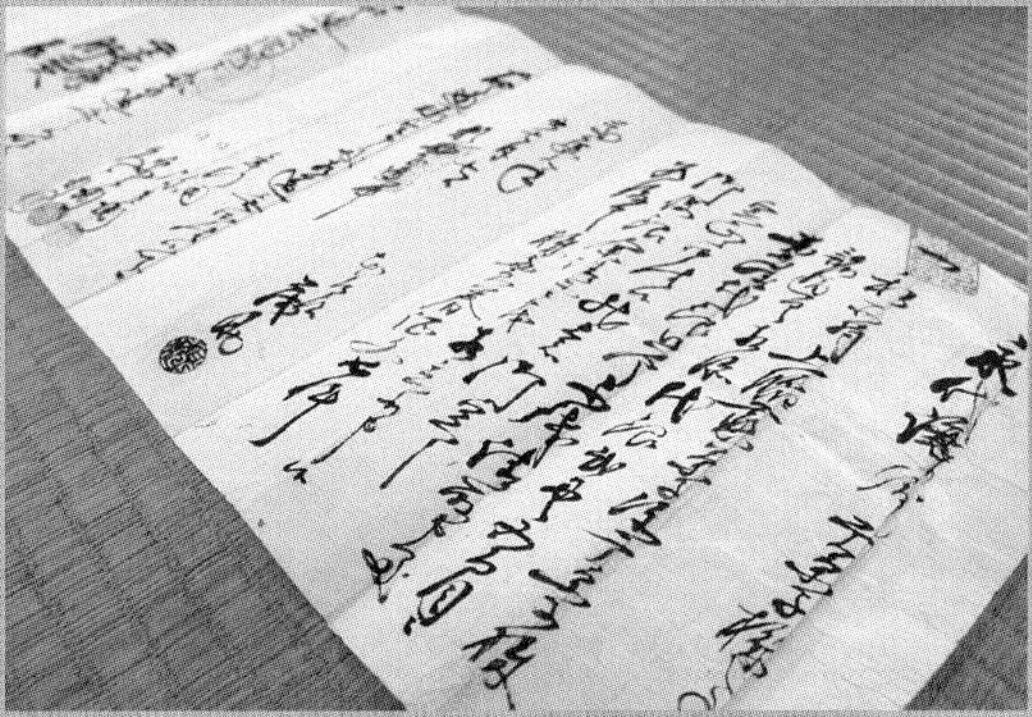

「鈴木亭」の屋号、「鈴木」の苗字、「三つ鱗の商紋」の使用を認める古文書

鈴木亭

江戸時代、幕府や大名に菓子を納めていた江戸の名店に「鈴木越後」がありました。郷里の越中（現在の富山県）から江戸に上った十三歳の少年・岩城茂助は鈴木越後で修業を積み、十五年後「鈴木亭」を名乗ることを許され独立を果たします。現在、暖簾を守るのは六代目。鈴木越後の看板菓子でもあった煉羊羹を基に初代が考案した「杢目羊羹《もくめようかん》」は、代々受け継がれる伝統の味です。

富山県富山市西町 6-3

金鍔【きんつば】

江戸時代に京都で生まれた「銀鍔」が、江戸へ下り「金鍔」へと変わって評判に

十勝産のエリモ小豆の餡を、箔のような薄皮で包み胡麻油で焼く榮太樓の金鍔（榮太樓總本鋪）

あんそのものが楽しめる刀の鍔がモデルの金鍔

潰しあんを薄皮で包んで焼いた金鍔は、あんこそのものの味わいを楽しめる和菓子の一つです。

江戸時代の中期、京都で「銀鍔」という名前で誕生。現在では多くの金鍔が四角い形をしていますが、もともとは丸くて平たい、刀の鍔のような形をしていました。またうるち米の皮であんを包んで焼くと銀色に見える事からその名が付けられたといいます。その銀鍔が江戸へ下ると、小麦粉の皮であんを包んで焼くように。黄金色の焼き色と、主に江戸では金貨、京都では銀貨が使われていたこともあり金鍔と呼ばれるようになりました。「流石《さすが》武士の子 金鍔を 食べたがり」「年季増しても食べたいものは 土手のきんつば さつま芋」といった川柳や流行歌も詠まれ、金鍔が当時の大人気商品だったことがうかがえます。

柴田眞哉作「日本製菓子鋪　榮太樓本店製造場略図」明治18年（1855）ロンドンで開催された「万国発明品博覧会」に商品を出品する際に描かれました（榮太樓總本鋪）

定番のあんこたっぷりの金鍔の他、「桜金鍔」や「ずんだ金鍔」、「栗金鍔」など季節に応じた金鍔も登場

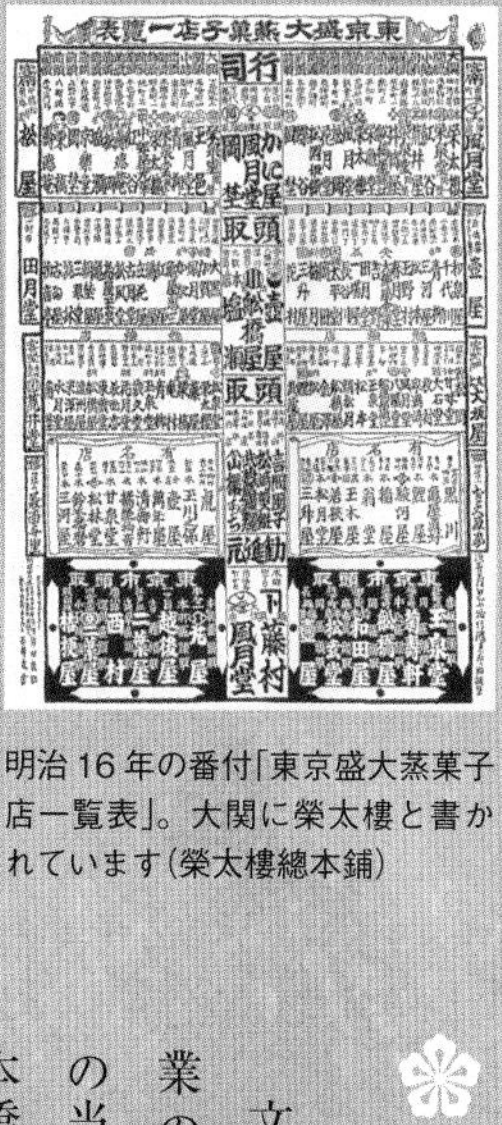

明治16年の番付「東京盛大蒸菓子店一覧表」。大関に榮太樓と書かれています（榮太樓總本鋪）

榮太樓總本鋪

文政元年（一八一八）創業の榮太樓總本鋪。その当時、魚河岸があった日本橋は、日に千両が落ちると言われるほどの賑わいでした。そんな日本橋の袂で、屋台で焼いた榮太樓の金鍔は「大きくて丸くて美味しい」と江戸中で評判に。安政四年（一八五七）には、現在本店がある場所に店を構え、「梅ぼ志飴」や「甘名納糖」などの看板商品も生まれます。今も江戸の味を届けている老舗です。

東京都中央区日本橋1-2-5

カステラ【かすてら】

室町時代に伝来した南蛮菓子。
長い年月を経て、しっとりと甘いカステラへ進化

甘くてしっとり、黄色いカステラは、一口食べれば老若男女笑顔に。特撰五三カステラ（文明堂 東京）

南蛮菓子を基本に日本独自のカステラへ

十五世紀から十七世紀前半の大航海時代。ポルトガル・スペインなどのヨーロッパ諸国は海外進出に力を入れていました。一五四三年、ポルトガル人が種子島に漂着すると南蛮人との本格的な交流が始まり、南蛮菓子が伝わります。ポルトガルには「カステラ」という名の菓子は無く、ポルトガル語の「ボロ・デ・カステラ（カスティリア地方の菓子）」に由来するというカステラ。それまで日本では鶏卵を食べる事が少なく、卵を使うことは和菓子に一大転機をもたらしました。南蛮菓子が基となって日本独自のカステラへと変化。江戸時代の料理本や文献にも度々登場します。当時は硬くてパサパサしていたようで、明治時代に水あめやザラメを使うようになり、現在のようなしっとりとしたカステラになったと言われます。

昭和12年の電話帳広告。「電話赤坂二番」と記されています。局の名前と「二番」と告げれば文明堂へつながりました

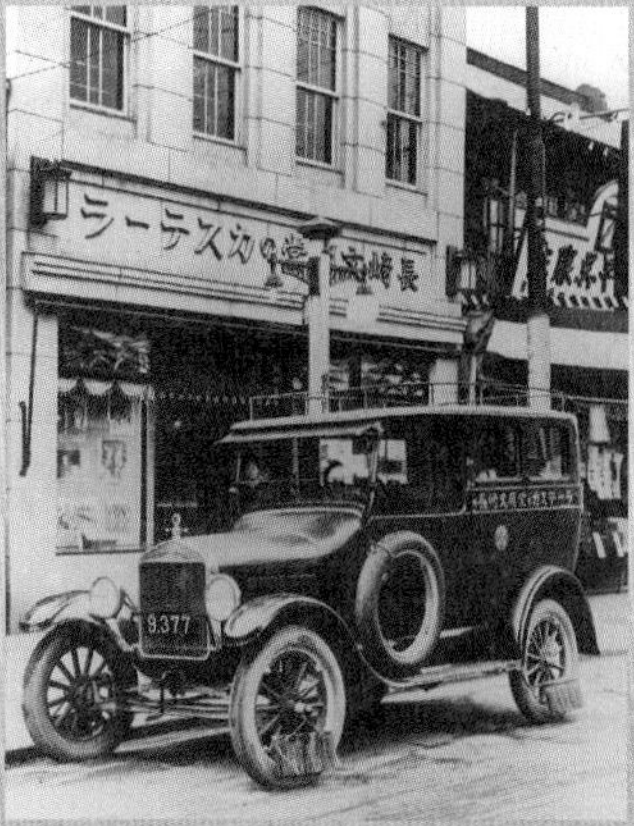

上／大正15年頃の文明堂東京。当時珍しかった自動車で配達していました
右／大正14年宮内省御用達を拝命

文明堂と言えば、こちらのコマーシャル

文明堂 東京

明治三三年に長崎県で創業した文明堂。創業者の弟・宮崎甚左衛門は、大正十一年に東京へ進出し、店を開きました。昭和三七年から始まった「カステラ一番電話は二番三時のおやつは文明堂」のテレビコマーシャルでは、歌に合わせてリズミカルに踊るクマが印象的です。定番の「特撰五三カステラ」や「ハニーカステラ」の他、文明堂最高峰の「希翔」などオリジナルのカステラを製造販売。

文明堂日本橋本店　東京都中央区日本橋室町1-13-7

最中【もなか】

もち米から作った皮であんを挟む干菓子。
パリッとした皮としっとりとしたあんが魅力です

しっとりしとしたあんと皮との組み合わせが絶妙（霊岸島梅花亭「梅もなか」）

中秋の名月を模し 今ではだるま型も登場

「最中」は、最初はもち米から作った皮の部分だけの菓子でした。その名前の由来は、平安時代の『拾遺和歌集』に収められている「水の面に　照る月なみを数ふれば　今宵ぞ秋の最中なりける」という源《みなもとの》順《したごう》の歌に遡ります。「秋の最中」とは、「秋の真ん中、十五夜の月」、つまり「中秋の名月」を意味しています。月見の宴で出された丸くて白い餅菓子が、この句で詠まれた月を彷彿させたため、参加していた公家が、この菓子を「もなかの月」と呼んだことから名付けられたとも言われています。

江戸時代になり、その菓子を二枚合わせ、中にあんを挟むようになりました。また、金型の発展から、丸い形だけでなく、梅型や小判型、更にはだるまなど、今では、全国に様々な形の最中が登場しています。

創業者は新し物好きで甘いもの好き。創造的な菓子を多数生み出しました。長崎帰りの蘭学者宇田川興《こう》斎《さい》の話をヒントにパン窯で焼いた焼き菓子『亜墨利加《アメリカ》饅頭』（右から２つ目）が店の歴史を伝えています

店先には、６代目の中村達三郎が北鎌倉に住んでいた縁から円覚寺の住職朝比奈宗源によって書かれた看板（上）が掲げられています。また店内は、達三郎が美術や書にも造詣が深かったことから洋画家である木村荘八による店名の書（下）も飾られています

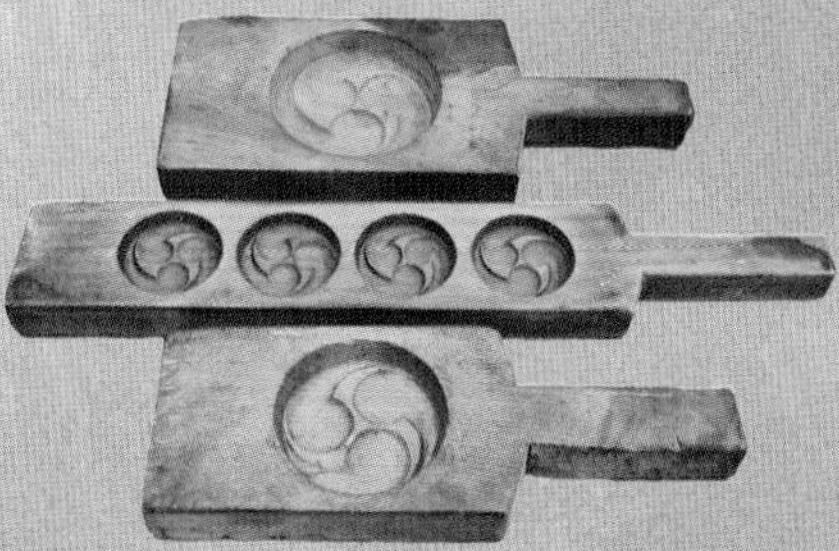

氏神である富岡八幡宮のお供物の木型

霊岸島梅花亭

江戸時代、※札差《ふださし》をしていた初代が、徳川家康に付いて岐阜から江戸に入府。嘉永三年（一八五〇）に日本橋大伝馬町に菓子店を創業し、以来、多数の人気菓子を生み出してきました。

六代目の中村達三郎さんは、工夫が好きで、最中の皮をふっくらとした厚みのある梅の型に変え、あんをたっぷり詰めました。「梅もなか　ここにありけり　春火桶」と詠まれるほどの、看板商品となっています。

東京都中央区新川 2-1-4

※幕府から旗本や御家人に支給される米の仲介者

どら焼き【どらやき】

あんをくるんだり挟んだり。
香ばしい香りと、生地とあんの協奏曲

ふんわりカステラ生地のどら焼き（笹屋伊織「伊織のみかさ」）

銅鑼《どら》の上で焼けるように思いを込めた形の菓子

源義経一行が奥州へ逃れる際、弁慶が民家で怪我の手当てをしてもらったお礼に、銅鑼で生地を焼き、あんを半月型に包んだのが始まりとも言われているどら焼き。江戸時代の随筆『嬉遊笑覧《きゆうしょうらん》』には、「今のどら焼きは又金鐔《きんつば》やきともいふ」とあり、当時はきんつばに似た菓子だったようです。

京都の「笹屋伊織」にも、同じく「銅鑼で焼けるように」と生まれたどら焼きがあります。江戸時代末期、五代目当主・笹屋伊兵衛が、東寺の僧侶から「副食になるお菓子を作ってほしい」という依頼を受け、寺の銅鑼の上でも焼けるように、薄く伸ばした小麦粉の生地であんをくるくる巻き、抗菌効果のある竹の皮で包む菓子を作り上げました。

一般客に販売するようになったのは明治時代以降と考えられています。

笹屋伊織の代表銘菓「どら焼」。基本の素材や工程は江戸時代から変わりません。現在は毎月、弘法さんの命日前後３日（20,21,22日）のみ販売しています

もちもちとした薄皮であんを年輪のようにくるくる巻いていきます。職人の技が光る工程です

螺鈿《らでん》細工が施された行器《ほかい》。丁稚《でっち》が担いで、御所へ菓子を納めていました（写真は江戸時代に実際使われていたもの）

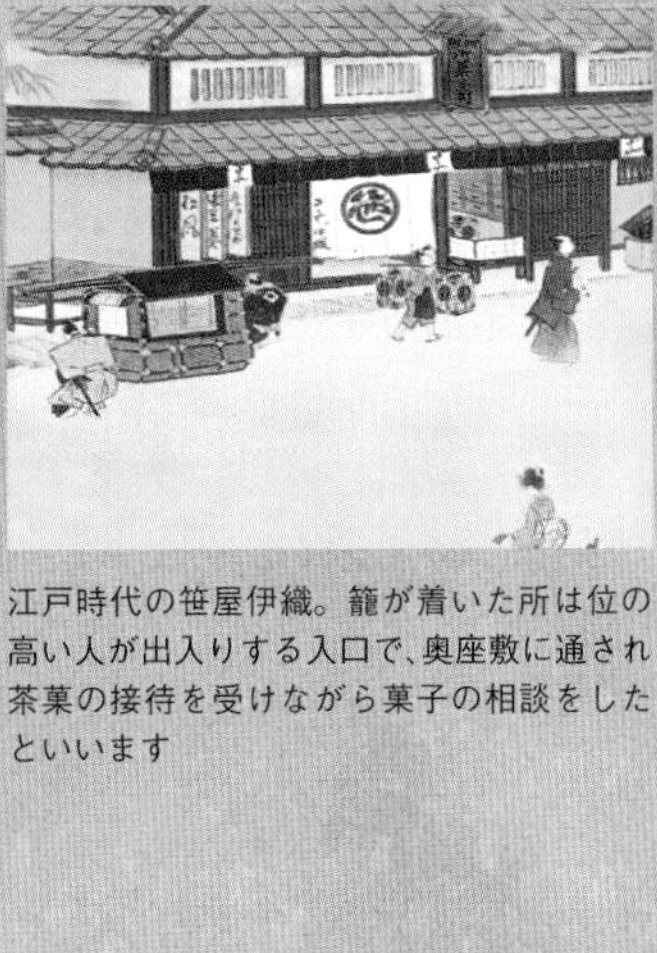

江戸時代の笹屋伊織。籠が着いた所は位の高い人が出入りする入口で、奥座敷に通され茶菓の接待を受けながら菓子の相談をしたといいます

笹屋伊織

享保元年（一七一六）創業。伊勢の和菓子職人、初代笹屋伊兵衛が御所の御用を仰せつかり京都へ来たのが始まりです。宮中の御用菓子屋となり、儀式などの際に、行器《ほかい》に入れて菓子を納めていました。

元々、御所や公家、寺社からの注文を受け、菓子を納めていましたが、どら焼きの評判が広まり、東寺から「弘法大師の月命日のみ販売したらどうか」と言われ、そこから一般への販売も始まりました。

京都府京都市下京区七条通大宮西入花畑町86

飴【あめ】

神饌《しんせん》として用いられた飴。水あめ状の飴は『日本書紀』にも記されていました

砂糖を一切使わない、輝くような淡黄色透明の粟飴はさらりとした上品な甘み(高橋孫左衛門商店)

千年以上の歴史を誇る日本古来の和菓子

米などのでんぷんを糖化させた甘くて粘り気のある菓子。七二〇年に成立した『日本書紀』にも記述があり、古くから存在した事が窺《うかが》えます。現在では砂糖や水あめを原料にしたキャラメルやドロップなどを一括りにして「飴」と呼んでいますが、当時は水あめ状のものでした。原料は米を発芽させた米もやしで、甘味料などは使われていません。主に神饌《しんせん》や甘味料として用いられていました。鎌倉時代には飴の行商が行われるようになり、この頃は薬としての役割も果たしていたそうです。砂糖が多く入ってきた江戸時代中期以降、固形の飴が作られるようになると、奇抜な格好をしてパフォーマンスをする「狐の飴売」「お万が飴売り」「おじいが飴売り」などの様々な飴売りが現れ、子どもに人気だったようです。

北国街道沿いに建つ髙橋孫左衛門商店は国の登録有形文化財に指定されています

十返舎一九の『金草鞋《かねのわらじ》』越後道中編。店内の賑やかな様子が伺えます（髙橋孫左衛門商店）

商品はもちろん、様々な貴重な資料も展示されている店内

飴一筋 400 年。江戸時代より製造される「粟飴」「翁飴」「笹飴」。夏目漱石の『坊ちゃん』には「笹飴」が登場します

髙橋孫左衛門商店

寛永元年（一六二四）創業。十返舎一九の『金草履《かねのわらじ》』越後道中編には当時の店内の様子と共に「粟飴」が描かれています。それまで粟で作っていた粟飴を、寛政二年（一七九〇）に四代目孫左衛門がもち米に変え美しい淡黄色透明に。粟《あわ》飴は、こちらの飴の基となっており、江戸の味を今に伝えています。水あめを寒天で固めた「翁飴」は長期保存ができ、高田城城主の参勤交代の際に土産として持参されました。

新潟県上越市南本町 3-7-2

饅頭【まんじゅう】

中国のマントウから日本の饅頭へ。
そこには一人の禅僧が関わっていました

大和芋を皮に練り込んだ薯蕷饅頭。写真の「志ほせ饅頭」は塩瀬総本家を代表する逸品（塩瀬総本家）

和菓子史のエポック
饅頭と小豆あんの考案

饅頭の歴史を紐解くと、三国志の時代、諸葛孔明《しょかつこうめい》が荒れ狂う大河を鎮めるまじないとして、生贄《いけにえ》となる四九人の首の代わりに小麦粉の皮で肉あんを包んで捧げたというのが「マントウ」（蛮頭）の起源と言われます。

日本に伝来した経緯には諸説ありますが、その一つを紹介しましょう。室町時代初期、宋で四〇年以上修行を積んだ禅僧・龍山徳見《りゅうざんとくけん》（のちの建仁寺住職）が弟子を伴い帰国します。弟子の一人、林浄因《りんじょういん》は肉食を禁じられた僧の為に、マントウをヒントに、小豆を煮詰め甘葛《あまずら》で甘みを加えたあんを包んだ饅頭を考案。饅頭は後村上天皇も大層気に入り、浄因は宮女を娶《めと》ることに。その感謝と子孫繁栄の願いを込めて紅白の饅頭を作り配ったのが、紅白饅頭の由来とされています。

長篠の合戦で、徳川家康が戦勝祈願に供えたという、七代・林宗二考案の「本饅頭」。大納言の皮を潰すことなく柔らかく煮上げるのが秘伝の技だそう

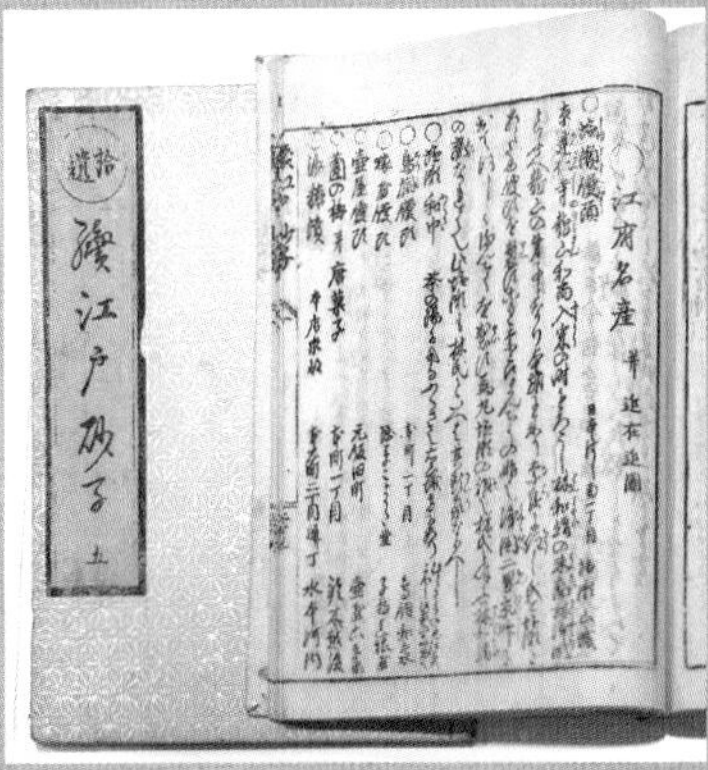

江戸の町の様子が記された『続 江戸砂子』にも、「塩瀬饅頭」の項に店の由来が記されています

明治37年(1904) 頃の、東京・元数寄屋町の店舗。こちらの店は戦災で焼失し、現在の地へと移りました

塩瀬総本家

林浄因の家系は奈良から京都へ。その後、応仁の乱で三河国・塩瀬村に疎開したことから塩瀬姓を名乗り、塩瀬饅頭の名も広まっていきました。江戸時代初期には江戸へと進出し将軍の御用達に。林浄因から数えて三四代にわたり、今も菓子作りを受け継いでいます。

店を貫く教えは「材料落とすな。割り(配合の割合)守れ」。素材の質を落とすことなく、手作りの製法を守り続けています。

東京都中央区明石町7-14 塩瀬ビル

煎餅【せんべい】

甘いものから辛いものまでバリエーション豊かな煎餅。歴史は千年以上前に遡ります。

一口に「煎餅」と言っても、味や形は千差万別です(MATSUZAKI SHOTEN)

空海が製法を伝え江戸時代に現在の形に

煎餅の歴史を紐解くと、その原型のようなものは既に奈良時代に唐菓子として日本に伝えられていたといいます。そして、平安時代初期の延暦二三年(八〇四)、弘法大師空海が唐から亀甲型の煎餅の製法を持ち帰り、山城国(現在の京都府)で伝えました。それは、亀甲型の形状から「亀の甲煎餅」と名付けられ、葛の根と米粉、果実の液といった原料を混ぜ合わせて焼いたものであったと伝わっています。

やがて江戸時代に入ると、小麦粉に砂糖を加えた生地を蒸した後に焼いた小麦粉煎餅が普及。塩味の煎餅よりも先に、甘い煎餅が生まれたようです。そして、江戸時代後期の文化文政期(一八〇四〜一八三〇)頃になると、米粉を原料に醤油をつけて焼いた煎餅が作られるようになりました。

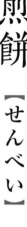

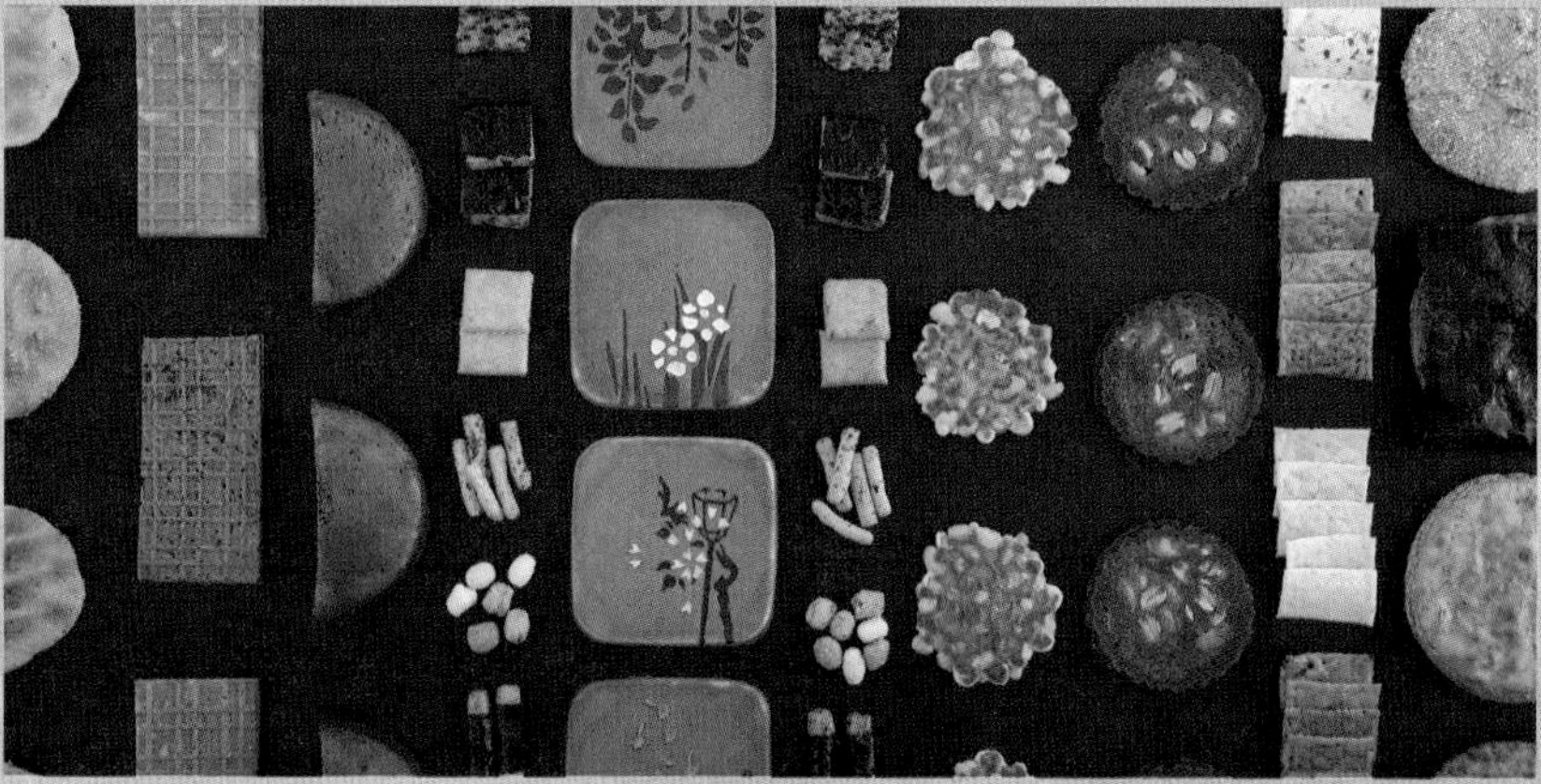

中央の「大江戸松﨑 三味胴」をはじめ、銀座の手土産としても愛されています

昭和33年、佃工場の前で撮影された一枚

こちらは昭和30年前後に撮影された店舗内観です

MATSUZAKI SHOTEN

文化元年（一八〇四）、江戸・芝で創業した「銀座 松﨑煎餅」。以来約二二〇年、現在は八代目がその暖簾を守ります。瓦煎餅「大江戸松﨑 三味胴《しゃみどう》」は、煎餅の滑らかな表面に砂糖蜜などで四季の図柄が描かれており、これは職人が今も一枚ずつ手作業で描いています。米の風味豊かな「草加煎餅」は、「醤油」「胡麻」「辛子」「味噌」「ざらめ」といった味から厚焼き・薄焼きといった厚みまで、幅広く揃えています。

東京都中央区銀座4-13-8 岩藤ビル1F

乃し梅（山形県）
丸缶羊かん（北海道）
笹団子（新潟県）
からすみ（岐阜県）
五色生菓子（石川県）
くずまんじゅう（福井県）
津軽飴（青森県）
塩味饅頭（兵庫県）
大手まんぢゅう（岡山県）
南部せんべい（岩手県）
若草（島根県）
あわまんじゅう（福島県）
もみじ饅頭（広島県）
五家宝（埼玉県）
芋ようかん（東京都）
鶏卵素麺（福岡県）
雷おこし（東京都）
梅ヶ枝餅（福岡県）
人形焼（東京都）
きび餅（神奈川県）
生せんべい（愛知県）
蕎麦ほうる（京都府）
岩おこし（大阪府）
芋けんぴ（高知県）
青丹よし（奈良県）
一六タルト（愛媛県）
本ノ字饅頭（和歌山県）
丸ぼうろ（佐賀県）
軽羹（鹿児島県）
よりより（長崎県）

第5章

全国の郷土菓子

全国にはその土地で生まれた郷土菓子も数多くあります。
あなたが知っているお菓子はいくつありますか？

北海道・東北編

丸缶羊かん（北海道）―南部せんべい（岩手）―津軽飴（青森）―あわまんじゅう（福島）―乃し梅（山形）―

北海道

丸缶羊かん

［五勝手屋本舗］

蝦夷地《えぞち》の人々の歴史を伝える
北海道土産の定番、赤い筒の羊羹

江戸時代初頭、南部藩の杣《そま》人《びと》「五花手組《ごかってくみ》」が蝦夷地で初めて豆の栽培に成功しました。この豆をもとに菓子を作り、藩公に献上し、大変喜ばれたため、これを記念して屋号を「五勝手屋」としたと言われています。

明治三年（一八七〇）、北海道でとれた豆と北前船で運ばれた寒天・砂糖を使用して作られたのがこの羊羹。人々の思いが詰まった赤い筒の羊羹です。

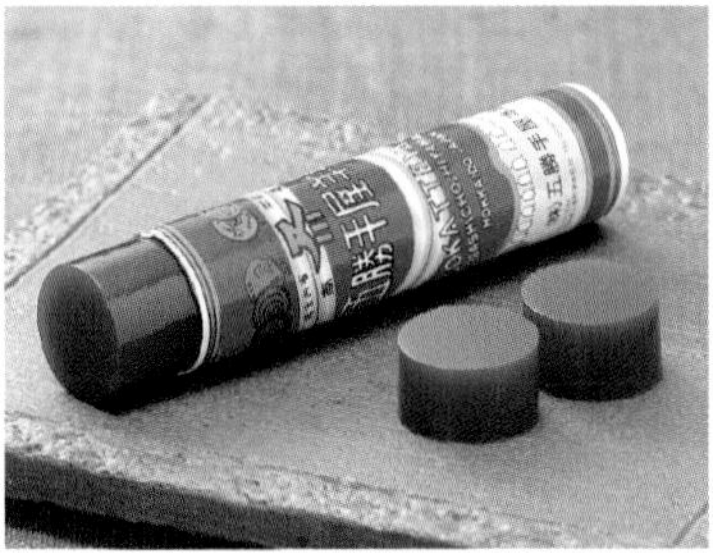

〈五勝手屋丸缶羊かん〉
1本324円
食べたい分だけ下から押し出し、付属の糸でカットできるのも人気の秘密

北海道桧山郡
江差町字本町38
TEL 0139-52-0022

岩手

南部せんべい

［南部せんべい乃巖手屋《いわてや》］

かつては岩手の家々の
囲炉裏端で焼かれた懐かしの味

南部せんべいの歴史は古く、一般的には南北朝時代に長慶天皇が八戸地方を訪れた際に、家臣が農民から蕎麦粉と胡麻を手に入れ、自身の兜で焼き上げて献上したのが始まりと言われています。明治時代以前は松の木を用いて焼いていましたが、大正時代には炭火で焼くようになりました。現在は小麦粉で作られています。かつては各家庭に煎餅型があり、囲炉裏端で焼かれていたという馴染み深いおやつです。

〈おばあちゃん［胡麻］〉
12枚入356円
定番の胡麻や落花生の他にも、現在は甘酸っぱいりんごチップスをのせたものなども人気

岩手県二戸市石切所
字前田41-1
TEL 0120-232-209

青森

津軽飴

［上《じょう》ボシ武内製飴所《せいたいしょ》］

滋養・強壮から子どものおやつに一家に一つ、ねぶたのブリキ缶

津軽藩四代目藩主・津軽信政が、領民の副業として製造させたのが始まりと言われる「津軽飴」。甘味の少ない江戸時代には、滋養・強壮の薬として親しまれ、戦後は青森から北海道へ渡る人々の手土産となりました。青森では津軽煎餅に挟む食べ方が人気。ねぶたが描かれたブリキ缶が懐かしい郷土の飴です。

〈津軽飴〉缶入 小(450g) 810円
水あめとして、または湯に溶いて飴湯にしたり、コーヒーや紅茶に入れても美味

青森県青森市本町5-1-20
TEL 017-734-1834

福島

あわまんじゅう

［小池菓子舗］

災害に「あわない」ように願いを込めた饅頭

大日如来の福智の二徳をつかさどる仏といわれている虚空蔵菩薩《こくぞうぼさつ》。柳津《やないづ》町の圓蔵寺は日本三大虚空蔵菩薩に数えられています。現在その町の銘菓となっている「あわまんじゅう」。江戸末期に柳津が火災や水害に見舞われた際に、住職が二度災害に「あわ」ないようにと、粟の饅頭を人々に配ったことが始まりと言われています。

〈あわまんじゅう〉10個入 1,200円
もち米と粟で作られた素朴な味わい。柳津の自然の宝が凝縮された一品です

福島県河沼郡柳津町柳津字岩坂町甲206
TEL 0120-090-976

山形

乃し梅

［乃し梅本舗 佐藤屋］

気付け薬から生まれた酸味が癖になる一品

紅花の色素抽出に使うため、梅が多く栽培されていた山形県。山形藩主・最上家の御典医であった小林玄端が長崎に遊学中、中国人から梅を原料とする秘薬の製法を伝授され、気付け薬として作ったのが「のし梅」の原型と言われています。そこから幾多の試行錯誤がなされ、現在の独特のもっちりとした食感の山形銘菓に発展しました。

〈乃し梅〉5枚入 600円
小林玄端の末裔が文政4年(1821)に創業した菓子店。さわやかな酸味が特徴です

山形県山形市十日町3-10-36
TEL 023-622-3108

関東編

東京

雷おこし

［常盤堂雷おこし本舗］

平安時代には存在した歴史のあるおこし。江戸東京では雷おこしが有名

平安時代の文献にも登場するおこしは、餅米やうるち米、粟を蒸し、乾かしてから炒ったものを水あめと砂糖で板状に固めた和菓子です。

東京観光には欠かせない浅草。雷門のすぐ脇にある「常盤堂雷おこし本舗」は、寛政七年（一七九五）創業の老舗です。雷おこしは「家をおこす、名をおこす」縁起物として人々に愛されてきました。サクッと軽やかな食感で、浅草土産の定番です。

〈雷神上磯部缶〉大　1,836円
常盤堂を代表する雷おこし。上磯部おこしの他、チョコやココナッツ、キャラメルアーモンドなど様々な味を用意

東京都台東区浅草 3-6-1
TEL 03-3876-5656

東京

人形焼

［重盛永信堂］

たっぷりのあんをカステラ生地で包んだ人形焼

東京名物の人形焼は、あんをカステラの生地で包んで焼いたお菓子。人形町では七福神などの顔型、浅草では雷門などの名所がモチーフとなっている人形焼を多く見かけます。

安産祈願で有名な水天宮の向かいにある「重盛の人形焼」は、大正六年（一九一七）創業の人形焼店。十勝産小豆をしっとりとした甘さに練り上げ、薄皮の生地で一つ一つ包み、手作業で丁寧に焼き上げます。

〈人形焼（こしあん）〉
5個入り 650円
人形焼は通信販売でも購入できます

東京都中央区
日本橋人形町 2-1-1
TEL 03-3666-5885

埼玉

五家宝《ごかぼう》

［堀内製菓］

きな粉の素朴な風味が魅力。熊谷銘菓の五家宝

中山道の宿場町だった熊谷は、五家宝の材料でもある良質な米、大豆、大麦の産地でした。文政年間（一八一八〜三〇）に「五嘉棒」の名で売り出され「五嘉宝」「五箇宝」と名前を変え、「五穀は家の宝である」という祈りを込めて、現在の「五家宝」と呼ばれるようになったそう。明治二〇年（一八八七）創業の「堀内製菓」は創業以来の味を今に伝えます。

〈五家宝　きな粉〉72個 個包装なし 3,574円
地元で愛される堀内製菓。個包装の五家宝も販売しています（72個入り 3,790円）

埼玉県熊谷市本町 2-15
TEL 048-522-1556

神奈川

きび餅

［小梅堂］

著名人にも親しまれた頼朝を助けたと伝わるきび餅

温泉の町として親しまれる湯河原。源頼朝が旗挙げの際にここに身を隠し、領主の妻が地元に伝わる「きび餅」を差し入れしたそうで、湯河原名物のお菓子として知られます。一九一〇年創業の「小梅堂」の「きび餅」は、甘さ控えめのきび餅に、香ばしいきな粉がたっぷり。夏目漱石や島崎藤村などの文豪や芸術家にも親しまれてきました。

〈きび餅〉個包装 10個入 756円
体に優しい無添加で、口溶けが柔らかく甘さ控えめ

神奈川県足柄下郡湯河原町宮上 483
TEL 0465-62-3325

東京

芋ようかん

［舟和］

明治生まれの芋ようかん庶民に愛される素朴な味わい

東京浅草土産の定番の一つ、舟和の芋ようかん。創業明治三五年（一九〇二）、「舟和」の創業者・小林和助は、当時高級だった練り羊羹の代わりに、庶民でも気軽に食べられるようにと芋ようかんを考案しました。着色料・保存料・香料は一切使わず、さつま芋と砂糖と少量の塩で製造された素朴な味わい。芋本来の味わいが楽しめます。

〈芋ようかん〉5本詰 864円
そのまま召し上がっても、フライパンで焼いて焼芋ようかんにしてもおすすめです！

東京都台東区浅草 1-22-10
TEL 03-3842-2781

中部編

五色生菓子（石川）―くずまんじゅう（福井）―笹団子（新潟）―からすみ（岐阜）―生せんべい（愛知）―

（石川）

五色生菓子

［越山甘清堂］

天地万物を表現する
金沢の祝い事に欠かせない五色の風景

慶長六年（一六〇一）、二代将軍徳川秀忠の娘である珠姫《たまひめ》が前田家三代藩主利常に輿入《こしい》りした際に、加賀藩の御用菓子司の樫田吉蔵が献上したのが始まりと言われています。天地の恵みに対する畏敬の念が込められ、それぞれが「日月《じつげつ》山海里《さんかいり》」を表しています。明治時代には庶民にも定着し祝い事の返礼品として配られるようになりました。今なお、金沢の婚礼には欠かすことができない祝い菓子です。

〈加賀五色生菓子〉
10 個入り 1,642 円
太陽を表す紅色・波の重なりを表すひし形の生菓子や里を表す羊羹など五色の菓子が美しい（要予約）

石川県金沢市武蔵町 13-17
TEL 076-221-0336

（福井）

くずまんじゅう

［御菓子処 伊勢屋］

見た目からも涼を感じる
葛《くず》と水、あんこのシンプルな味わい

日本三大葛に数えられ、江戸時代の儒学者・頼山陽《らいさんよう》が「吉野の葛に引けを取らない品質」と語った熊川葛。さらに、この地に豊富に湧き出る雲城水《うんじょうすい》。この二つに恵まれたこの地では、熊川葛と雲城水のみで作った生地であんこを包んだ葛まんじゅうが古くから作られてきました。生地に砂糖を使っていないため、やさしいあんこの甘味のみ。素材の味を堪能する夏に味わいたい一品です。

〈くずまんじゅう〉
1 個 130 円
雲城水の流水で冷やされるくずまんじゅう。1 時間以内に食べるのがおすすめ

福井県小浜市
一番町 1-6
TEL 0770-52-0766

新潟

笹団子

［田中屋本店］

米どころ新潟を象徴し 郷土の人々に愛される笹団子

かの上杉謙信が携帯食にしていたとも、年貢米にならない欠けたくず米を美味しく食べるために庶民が考え出したとも言われる笹団子。うるち米ともち米をこね、ヨモギを混ぜ合わせた生地であんを包み、笹の葉でくるみ、蒸したお菓子です。かつてはきんぴらや海藻の煮つけを入れ、食事として食べていたそう。米どころ新潟を象徴しています。

〈笹だんご〉5個袋入 864円
定番のつぶあん入りとこしあん入り、また昔ながらのきんぴら入りも販売している

新潟県新潟市中央区柳島町 1-2-3
TEL 025-225-8822

岐阜

からすみ

［栗菓子処　信玄堂］

珍味からすみを模して作った 子宝と子の成長を願う特産品

「からすみ」と言っても、お酒のおつまみではありません。米粉に砂糖や黒糖、よもぎ、くるみなどを練り込んで蒸したお菓子です。海から遠い岐阜県の東濃地域では、一説によると、子宝の象徴とされるからすみの代わりに、形が似たこの菓子で代用していたためこの名がついたとも言われています。桃の節句のお供えとしても用いられています。

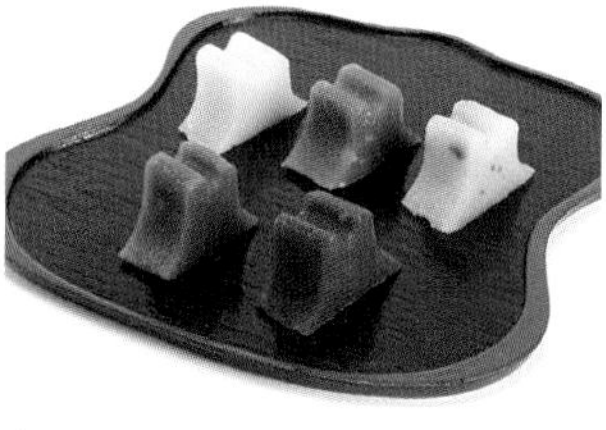

〈からすみ〉5種類箱入 2,370円
子どもの成長を願い、お祝い事にも使われる特産品。トースターで炙って味わっても

岐阜県中津川市手賀野 453-1
TEL 0573-66-8111

愛知

生せんべい

［総本家田中屋］

徳川家康のゆかり残る 知多半島を代表する銘菓

愛知県知多半島の名物「生せんべい」。永禄三年（一五六〇）、桶狭間の戦いで織田勢に押された徳川家康が、岩滑《やなべ》城（現在の半田市）を訪れた際、百姓家の庭先に干してあるせんべいを生のまま食べたところ、それを気に入り献上させたことがきっかけと言われています。餅のような食感で、黒砂糖とはちみつのほのかな甘みが広がります。

〈生せんべい〉白・黒・抹茶入り 950円
定番の白・黒、「他の味も食べたい」というお客からの要望で生まれた抹茶

愛知県半田市清水北町 1
TEL 0569-21-1594

関西編

蕎麦ほうる（京都）―塩味饅頭（兵庫）―青丹よし（奈良）
本ノ字饅頭（和歌山）―岩おこし（大阪）―

京都 蕎麦《そば》ほうる

南蛮菓子をルーツに、蕎麦作りの応用から誕生した「蕎麦ほうる」

［総本家河道屋］

ポルトガル語で菓子を意味するボーロ。ポルトガル人によって室町時代に伝えられた南蛮菓子の一つで、小麦粉に砂糖を加えてこねて焼いた物だったと言います。

江戸時代、本業の菓子屋の副業で蕎麦屋も営んでいた「総本家河道屋」。幕末の頃、十三代目・河道屋安兵衛は、蕎麦作りの応用で「蕎麦ほうる」を考案しました。上品かつ素朴な味わいで、京都を代表する銘菓です。

〈蕎麦ほうる〉
140g入　702円
愛らしい形でお馴染みの「蕎麦ほうる」。四季を問わずに茶事・接客等に珍重されています

京都府京都市中京区
姉小路通御幸町西入ル
TEL 075-221-4907

兵庫 塩味饅頭《しおみまんじゅう》

江戸時代より受け継がれる味わい 赤穂の和菓子と言えば塩味饅頭

［元祖播磨屋］

瀬戸内海の豊かな海の恵みと穏やかな気候に包まれ、塩づくりが盛んに行われてきた播州《ばんしゅう》赤穂《あこう》。そんな赤穂の塩を使った饅頭が明和年間（一七六四～七二）創業の「元祖播磨屋」の「塩味饅頭」です。嘉永六年（一八五三）、当主の時三郎が「汐見まん志う」を考案。次代の治平の時に赤穂藩の御用菓子司となると、赤穂藩の進言もあって「塩味饅頭」と改名しました。塩味がアクセントの素朴な味わいです。

〈塩味饅頭〉
5個入 432円
汐に映える美しい夕日をヒントに誕生した「汐見まん志う」。江戸の味を今に伝えます

兵庫県赤穂市尾崎 3930
TEL 0791-45-3040
（問合せ TEL 0791-42-2300）

奈良

青丹《あおに》よし

［鶴屋徳満］

和歌に登場する「青丹よし」
奈良の都で生まれた上品な和菓子

明治三一年（一八九八）創業の「鶴屋徳満」。有栖川宮熾仁《たるひと》親王が中宮寺を訪れた際、鶴屋徳満より献上された菓子に、色形などの助言と共に「青丹よし」と名付けられたといいます。「青丹よし」は、奈良に係る枕詞で、青土を産出したことからとも、瓦の青色と柱の丹《に》色で美しい奈良の都を指すともいわれており、和歌にも由来する風情ある和菓子です。

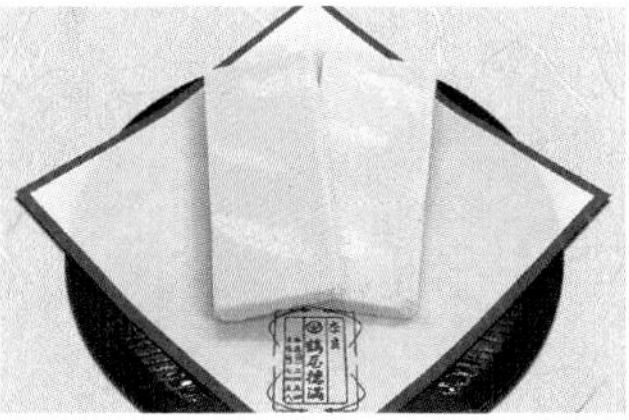

〈元祖　青丹よし〉5枚1,188円
和三盆を使用した優しい味わいで、淡青と淡紅の二色セットの短冊形

奈良県奈良市下御門町29
TEL 0742-23-2454

和歌山

本ノ字《ほんのじ》饅頭

［総本家駿河屋善右衛門］

江戸時代に誕生した「本ノ字饅頭」
参勤交代の携行食としても重宝

長禄五年（一四六一）創業の「総本家駿河屋善右衛門」の看板菓子。「本ノ字饅頭」の「本」は、紀州徳川家が領民に説いた「正直を本《もと》とす」という教えに由来します。

和歌山の名所案内『紀伊國名所図会』では「本ノ字饅頭」が名物として紹介されており、江戸時代には参勤交代の携行食としても重宝されたと言います。

〈本ノ字饅頭〉1個162円
「本」の字が印象的な「本ノ字饅頭」は、ふっくらとした酒饅頭

和歌山県和歌山市駿河町12
TEL 073-431-3411

大阪

岩おこし

［つのせ］

硬さが自慢の大阪名物。
文献にも登場する歴史ある和菓子

宝暦二年（一七五二）創業の「つのせ」初代・清兵衛は、それまで粟や稗《ひえ》で作っていた「おこし」を、米を砕いて粟粒のように見せ、「粟おこし」の菓銘で販売すると人気に。その原料を隙間がなくなる程細かく砕いて硬く仕上げたのが「岩おこし」で、江戸時代の風俗誌『守貞慢稿《もりさだまんこう》』や百科事典『和漢三才図会』にも登場しています。

〈岩おこし〉1枚65円
「岩おこし」の他に「粟おこし」や「生姜おこし」など、一口サイズで食べやすい

大阪府大阪市住吉区長居西1-5-1
TEL 06-6690-0981

中国・四国編

もみじ饅頭（広島）―若草（島根）―大手まんぢゅう（岡山）―一六タルト（愛媛）―芋けんぴ（高知）―

広島　もみじ饅頭　［にしき堂］

広島土産の大定番は今なお進化中
バリエーションの豊かさにも注目

日本三景の一つ、宮島発祥とし、広島県の銘菓として知られる「もみじ饅頭」。明治三九年（一九〇六）、宮島の紅葉の名所・紅葉谷公園内の旅館に茶菓子を納めていた和菓子職人が考案しました。現在はあんこの代わりに、チョコやクリームチーズ、餅などを入れたものや、生地に抹茶を練り込んだもの、もちもちしっとりとした「生もみじ」など、様々なバリエーションが登場しています。

〈もみじ饅頭〉
1個100円
十勝産の小豆と、日浦山湧水の名水で練り上げたこしあんをカステラ生地で包みました

広島県広島市
東区光町 1-13-23
TEL 0120-979-161

島根　若草　［彩雲堂］

松平不昧《ふまい》ゆかりの地域の銘菓
一度は途絶えた歴史を復活

松江藩七代藩主であり、茶人としても名高い松平治郷《はるさと》（不昧）によって考案された茶菓子「若草」。不昧が詠んだ「曇るぞよ　雨降らぬうちに摘みてこむ　栂尾《とがのお》山の　春の若草」から菓銘を採ったといいます。

不昧没後、一度は失われた製法ですが、明治時代中期「彩雲堂」の初代が復活再現しました。求肥に薄緑色の寒梅粉をまぶした外見は、春に萌え出でる緑を思わせます。

〈若草〉3個入648円
奥出雲の上質な餅米を使用し、手作業で寒梅粉をまぶしています。ふっくらとした食感が楽しい一品です

島根県松江市
天神町 124
TEL 0852-21-2727

岡山

大手まんぢゅう

［大手饅頭伊部屋《いんべや》］

日本三大饅頭の一つ 県民は誰もが知る岡山銘菓

備前藩池田家に重用された「大手饅頭伊部屋」の和菓子。「大手まんぢゅう」の名は岡山城大手門のほど近くに店を構えていたことから、藩侯直々に賜ったものだといいます。内側が透けて見えるほど薄い皮に、ぎっしりと詰まったあんが特徴。北海道産小豆を特製の白双糖《しろざらとう》で練り上げたこしあんと、自家製の甘酒を加えた風味豊かな生地が味わいの秘密です。

〈大手まんぢゅう〉10個入 864円
原料となる甘酒は、良質の備前米を用い、手間隙をかけて作られています

岡山県岡山市北区京橋町 8-2
TEL086-225-3836

愛媛

一六《いちろく》タルト

［一六本舗］

珈琲や紅茶にも。県産の柚子が爽やかに香る

江戸時代初期、松山藩主・松平定行が長崎の海上警備にあたった際にポルトガル人から製法を教わったという、タルト。本来はカステラでジャムを巻いた南蛮菓子でしたが、ジャムからあんこに変えて独自のタルトを考案。愛媛県銘菓として根付いていきました。「一六本舗」が作る「一六タルト」は、爽やかな柚子の風味の広がる逸品です。

〈一六タルト「柚子」〉756円
あんに練り込まれた愛媛県産の柚子の爽やかさが、食べ飽きさせません

愛媛県松山市勝山町 2-8-1
TEL 089-941-0016

高知

芋けんぴ

［芋屋金次郎］

かつてハレの日を飾った郷土の味 優しい味と食感の楽しさが特徴

高知県では温暖な気候からサツマイモがよく育ち、江戸時代から庶民の主食として食べられてきました。そのサツマイモを当時貴重だった油で揚げ、砂糖をまぶしたものが芋けんぴ。ハレの日に食べられていたようです。「芋屋金次郎」は、芋・砂糖・油のみで作る伝統の製法を守り、揚げたての美味しさを伝えています。

〈揚げたて芋けんぴ〉大袋 800円 小袋 500円
最高級油で揚げたサクサクの食感。揚げてから12時間以内の提供を身上としています

高知県高岡郡日高村本郷 573-1
TEL 0889-24-7476

九州編

鶏卵素麺（福岡）―軽羹（鹿児島）―よりより（長崎）
丸ぼうろ（佐賀）―梅ヶ枝餅（福岡）―

福岡 鶏卵素麺《けいらんそうめん》［松屋利右衛門］

原料は卵黄と砂糖のみ
福岡藩主も愛した奥深い味わい

砂糖を煮溶かした蜜に卵黄を流し入れ、麺状に固めた南蛮菓子「フィオス・デ・オーヴォス」（「卵の糸」の意味）に魅せられた初代松屋利右衛門。彼が生み出した鶏卵素麺は福岡藩主も気に入り、「日本三大銘菓」として愛されるようになります。「松屋利右衛門」では伝統の製法を守りながらも、十一代が考案した「たばね」、現十三代利右衛門による「ひねり」と、新たな味わいを追求し続けています。

〈鶏卵素麺〉
1本入 1,620円
ジューシーな蜜がたっぷり。食べやすいよう半分にカットして個包装されています

福岡県福岡市中央区
桜坂 3-12-81-102
TEL 092-406-9933

鹿児島 軽羹《かるかん》［明石屋］

大名家で食べられた軽羹
ふんわり食感は自然薯が決め手

安政元年（一八五四）、時の薩摩藩主・島津斉彬《なりあきら》が江戸から呼び寄せた菓匠、八島六兵衛が、この地の山芋が良質な事に着目し、これに薩摩の良米を配して改良を重ね作り上げたのが現在の「軽羹」。自然薯と米の粉、砂糖だけで作られ、白く清らかな見た目とふんわりとした食感、素朴な味わいが愛されました。彼が興した「明石屋」は現在七代目がその味を守り続けています。

〈軽羹〉
8号 1,296円
しっとり、ふんわり。ほのかな甘みがどこか懐かしくもあります

鹿児島県鹿児島市
金生町 4-16
TEL 099-226-0431

長崎

よりより（唐人巻）

［福建］

食べ飽きない素朴な味わい
好みの硬さを見つけてみて

縄をよった様な見た目から「よりより」の愛称で親しまれる「唐人巻」は、中国では「麻花《マファー》」と呼ばれる揚菓子。小麦粉で作った生地は大豆油で揚げられることで旨みが引き立ち、食べ飽きない素朴な味わいに仕上がります。「福建」では三種類の硬さの「よりより」を製造。地元の幼稚園や小学校では給食にも登場するそうです。

〈よりより〉6本入 540円
ポリポリとした食感が楽しく、つい手が伸びてしまう一品です

長崎県長崎市出島町4-13
TEL 095-823-1036

佐賀

丸《まる》ぼうろ

［鶴屋］

出島で学んだ南蛮渡来の製造法
大隈重信も好んだ味わいを伝承

「丸房露」「丸芳露」などとも表記される、佐賀県の代表的銘菓「丸ぼうろ」。寛永十六年（一六三九）創業の「鶴屋」二代目が出島で学んだ南蛮菓子の製法を佐賀に持ち帰ったことから生まれたとも言われています。小麦粉、砂糖、卵を原料に作る丸ぼうろは、二代目以降も代々当主が改良を加え、現在は十四代目がその伝統を紡いでいます。

〈佐賀銘菓 元祖丸房露〉5個入 432円
大隈重信が亡母一周忌の法要で帰郷した際に「丸ぼうろ」を口にしたと伝わります

佐賀県佐賀市西魚町1
TEL 0952-22-2314

福岡

梅《うめ》ヶ《が》枝《え》餅《もち》

［かさの家］

香ばしく焼き上げた梅ヶ枝餅は
太宰府散策のお供にも

菅原道真を祀る太宰府天満宮の門前菓子と言えば、「梅ヶ枝餅」。その始まりは、道真の悲惨な生活を見かねた老婆が梅の枝に餅を刺して格子越しに差し入れたからとも、道真の棺に生前好んだ餅を梅の枝に刺して供えたからとも言われています。材料は、もち米、米粉、小豆、砂糖、塩とシンプル。散策のお供やお土産にも大人気です。

〈かさの家 梅ヶ枝餅〉5個入り 650円
もっちりとした生地でやさしい甘さの小豆あんを包み、外側はかりっと香ばしく焼き上げた

福岡県太宰府市宰府2-7-24
TEL 092-922-1010

和菓子の用語

どこかで耳にしたり何となく使ったりする和菓子用語。
ここではそんな用語についてしっかり理解しましょう。

～あ～

朝《あさ》生《なま》菓《が》子《し》	賞味期限がその日中の菓子。朝作り当日中に販売される
主《おも》菓《が》子《し》	茶の湯における上菓子の別名。主に濃茶とともに頂く

～か～

京菓子	京都で作られる和菓子の総称
求《ぎゅう》肥《ひ》	こねた白玉粉に熱を加え、砂糖と水あめと一緒に練り固めたもの
錦《きん》玉《ぎょく》	煮溶かした寒天に砂糖などを加え、型に入れて冷やし固めた半透明の菓子
きんとん	あんや求肥などの芯にそぼろ状にしたあんをまぶしたもの
こなし	あんに小麦粉などの粉類、砂糖を加えて練って蒸した生地で様々な形に仕上げた菓子

～さ～

薯《じょう》　蕷《よ》	つくね芋、大和芋など山芋のこと
しとぎ	米の粉で作った餅。主に神前に供える

～な～

練り切り	生菓子に使用する粘りのあるあんに求肥や薯蕷などを加え、様々な形に仕上げた生菓子

～は～

初《はつ》　釜《がま》	茶道の行事で、新年に初めてかける釜のこと
引き菓子	慶事や仏事などで、参加者に配る引き出物の菓子

～ま～

村《むら》　雨《さめ》	あんに砂糖と粉を加えて漉《こ》したものを木枠に入れて固めた菓子
桃　山	卵黄、粉、水あめなどを加えた白あんを練って生地を作り、あんを包み込んで形成・焼いた菓子

索引

「江戸楽」編集部

取材・撮影・本文
堀内貴栄　尾花知美　宮本翼　糸岡佑利子

デザイン・DTP
KAJIRUSHI

「江戸楽」編集部のご紹介

遊び心と粋な美意識があふれる「江戸」の伝統と文化。『江戸楽』は、江戸にまつわる様々な特集や、『その時歴史が動いた』でお馴染みの松平定知アナウンサー、歴史通の俳優・高橋英樹氏といった江戸を深く知る著名人による連載を通じて、江戸を学び、現代に活かすことができる暮らしの喜びや知恵をご紹介する文化情報誌です。

お問い合わせ先　「江戸楽」編集部
〒 103-0024　東京都中央区日本橋小舟町 2-1 130 ビル 3F
TEL03-5614-6600　FAX03-5614-6602　http://www.a-r-t.co.jp/edogaku

和菓子のひみつ　楽しみ方・味わい方がわかる本
ニッポンの菓子文化超入門

2021年12月25日　第1版・第1刷発行

著　者　「江戸楽」編集部（えどがくへんしゅうぶ）
発行者　株式会社メイツユニバーサルコンテンツ
代表者　三渡　治
〒102-0093　東京都千代田区平河町一丁目1-8
印　刷　株式会社厚徳社

◎『メイツ出版』は当社の商標です。

ご意見・ご感想はホームページから承っております
ウェブサイト　https://www.mates-publishing.co.jp/

編集長：堀明研斗　　企画担当：千代 寧